経営学史学会編〔第十九輯〕

経営学の思想と方法

文眞堂

巻頭の言

経営学史学会理事長　小笠原　英　司

　本年報第19輯は、『経営学の思想と方法』を統一テーマとした経営学史学会第19回大会における研究報告をもとに執筆された論文を編集して構成されたものである。この統一テーマは、まず「経営学」を社会的・歴史的存在たる「経営」を対象とする「経営の学」と理解したうえで、現実の経営そのものの存在の意味を問いつつ「経営学」の現代的意義を省察することを目的として設定された。それは「経営学とはいかなる学か」という観点からその過去と現在を問い、その未来を展望するという経営学史学会の創立以来の問題意識に発するものである。当学会の大会統一テーマについては年次大会ごとに特色を打ち出す工夫を凝らしているが、反面では当学会の性格上、テーマの継続性や連続性も意識せざるをえない。因みに、2010年度の第18回大会は現代を「危機の時代」と捉え、社会的・経済的時代背景と経営学説との歴史的関連を問うものであった。

　これに対して19回大会は、経営学の「学」としての思想性を問題とするものとして企画された。それは第一に、経営学が構築してきた経営の世界を存在論的に問うということ、第二に、危機の時代を乗り越える経営の在り方を探究するための経営学の方法を問い直すこと、の2点をサブ・テーマとする統一論題である。そして図らずも、2011年3月11日には「危機の時代」を象徴するかのような巨大地震が発生した。各報告者はまさにこの時、報告予稿集の原稿提出期限を目前に控えていたはずである。統一論題報告は、サブ・テーマⅠが上林憲雄会員、および稲村毅会員によって、サブ・テーマⅡは菊澤研宗会員、および庭本佳和会員の各氏によってなされた。4氏とも大震災ショックを意識しながらも、それぞれの報告のなかにそれを包み込んで各自の趣旨を冷静に展開されていたのが印象的であった。本書所収の論文は大会における質疑応答をふまえて報告予稿を改稿したものであり、いずれも読み

ごたえのある重厚な論稿となっている。なお、自由論題報告は9本であったが、うち2本は投稿を辞退され、その後の審査を経て7本の論文が掲載されることになった。

　第19回大会の開催校青森公立大学は、第6回大会（1998年5月）に次いで2度目の全国大会開催であり、吉原正彦教授には再び大会実行委員長の大役をお引き受け頂いた。大震災により参加者がやや少なめであったことは残念であったが、無事大会を開催することができたことは幸いであった。本書巻末の「第19回大会をふりかえって」にも記されているように、吉原委員長はじめ実行委員会諸氏による大会運営は配慮が行き届き、特に学生諸君の真心のこもったホスピタリティは参加者の胸を打つものがあった。ここに誌面を借りて、青森公立大学の関係者の皆様に万丈の敬意と感謝の気持ちを捧げたい。因みに、青森公立大学は独特の研究教育システムを持つ経営・経済系公立単科大学として1993年に開設され、初代学長はその創立プランを企画された加藤勝康当学会顧問（第2期当学会理事長）であった。その後佐々木恒男学長（第4期当学会理事長）のもとで積極的に多くの全国大会や国際シンポジウム等が開催され東北に青公大ありという名声を博したが、そこには常に吉原教授の活躍があった。本年3月で佐々木学長および吉原教授が退職され、同大学も歴史の画期を迎えることになったが、当学会と縁の深い青森公立大学の弥栄を祈念して本年報の巻頭の言としたい。

目　次

巻頭の言………………………………………………小笠原　英　司…ⅰ

第Ⅰ部　趣旨説明………………………………………………………… 1
　　経営学の思想と方法……………………………第6期運営委員会… 3

第Ⅱ部　経営学の思想と方法…………………………………………… 7

　1　経営学の思想と方法…………………………吉　原　正　彦… 9
　　　Ⅰ．はじめに――統一論題の問題意識――………………………… 9
　　　Ⅱ．経営学史の研究方法としてのパラダイム論………………… 11
　　　Ⅲ．通約不可能性から理解可能性へ……………………………… 13
　　　　　――「生活世界」への眼差し――
　　　Ⅳ．おわりに――東日本大震災に触れつつ――………………… 17

　2　経営学が構築してきた経営の世界………上　林　憲　雄… 21
　　　――社会科学としての経営学とその危機――
　　　Ⅰ．はじめに………………………………………………………… 21
　　　Ⅱ．基礎となる諸概念の整理……………………………………… 22
　　　Ⅲ．経営学の学的展開――内部管理的側面――………………… 26
　　　Ⅳ．経営学の学的展開――環境対応的側面――………………… 30
　　　Ⅴ．社会科学としての経営学――むすびに代えて――………… 33

　3　現代経営学の思想的諸相…………………稲　村　　　毅… 36
　　　――モダンとポストモダンの視点から――
　　　Ⅰ．モダンとポストモダン………………………………………… 36

Ⅱ．ポストモダニズム思想の諸形態とその本質……………………… 37
　　Ⅲ．経営学にとってのポストモダニズム思想の意味……………… 47

4　科学と哲学の綜合学としての経営学……菊　澤　研　宗… 51

　　Ⅰ．はじめに………………………………………………………… 51
　　Ⅱ．経験科学の境界設定基準……………………………………… 52
　　Ⅲ．経験科学としての新制度派経済学…………………………… 54
　　Ⅳ．経験科学としての経済制度論の限界………………………… 57
　　Ⅴ．学問の不条理とその回避……………………………………… 59
　　Ⅵ．結論──綜合学としての経営学──………………………… 62

5　行為哲学としての経営学の方法…………庭　本　佳　和… 65

　　Ⅰ．経営学の学的性格としての実践性…………………………… 65
　　　　──経営（＝行為）の学としての経営学──
　　Ⅱ．経営学の実践性を支える学的基盤…………………………… 66
　　　　──歴史性・批判性・思想性──
　　Ⅲ．経営学の実践性を規定する方法の吟味……………………… 73
　　　　──現象把握・記述・行為（現象）化──
　　Ⅵ．行為哲学としての経営学の展開……………………………… 76
　　　　──来るべき経営学の課題と方法──

第Ⅲ部　論　攷……………………………………………………………… 81

6　日本における経営学の思想と方法………三　戸　　　公… 83

　　Ⅰ．はじめに………………………………………………………… 83
　　Ⅱ．骨はドイツ・肉はアメリカ…………………………………… 84
　　Ⅲ．アメリカ一辺倒──科学的管理，主流と本流──………… 86
　　Ⅳ．本流の巨人ドラッカー………………………………………… 89
　　Ⅴ．ドラッカーと現代資本主義…………………………………… 90
　　Ⅵ．むすび…………………………………………………………… 92

7 組織の自律性と秩序形成の原理 …………髙 木 孝 紀… 93

　Ⅰ．はじめに……………………………………………………… 93
　Ⅱ．組織の原理…………………………………………………… 93
　Ⅲ．LCS…………………………………………………………… 96
　Ⅳ．ネットワーク………………………………………………… 97
　Ⅴ．リゾーム……………………………………………………… 99
　Ⅵ．結 語………………………………………………………… 101

8 HRM 研究における研究成果の有用性を巡る
　　一考察………………………………………………櫻 井 雅 充… 104
　　　──プラグマティズムの真理観を手掛かりにして──

　Ⅰ．はじめに……………………………………………………… 104
　Ⅱ．HRM 研究における実証主義……………………………… 104
　Ⅲ．プラグマティズムの真理観………………………………… 107
　Ⅳ．経営実践との関わりを可能とする HRM 研究…………… 108
　Ⅴ．おわりに……………………………………………………… 112

9 起業を成功させるための起業環境分析
　　　──モデルの構築と事例研究──………大久保　康　彦… 115

　Ⅰ．本稿の問題意識と分析の視角……………………………… 115
　Ⅱ．New Venture Performance 論の主張……………………… 115
　Ⅲ．M. E. Porter 理論と起業研究との関連性………………… 118
　Ⅳ．起業環境分析モデルの提案………………………………… 121
　Ⅴ．おわりに……………………………………………………… 125

10 「実践の科学」としての経営学…………桑　田　耕太郎… 127
　　　──バーナードとサイモンの対比を通じて──

　Ⅰ．失われた未来………………………………………………… 127
　Ⅱ．協働体系の実践論的視座…………………………………… 131

  Ⅲ．実践の科学としての経営学の可能性……………………………… 134
  Ⅳ．おわりに………………………………………………………………… 137

11　アクション・サイエンスの発展とその意義……………………平　澤　　　哲… 139
  ——経営現象の予測・解釈・批判を超えて——

  Ⅰ．はじめに………………………………………………………………… 139
  Ⅱ．主要な認識論の批判的な継承………………………………………… 140
  Ⅲ．アクション・サイエンスの基礎……………………………………… 142
  Ⅳ．アクション・サイエンスの構築……………………………………… 143
  Ⅴ．アクション・サイエンスの経営学的な意義と今後の課題……… 145
  Ⅵ．おわりに………………………………………………………………… 148

12　マズローの思想と方法………………………山　下　　　剛… 151
  Ⅰ．はじめに………………………………………………………………… 151
  Ⅱ．経営学におけるマズロー理論………………………………………… 152
  Ⅲ．マズローの思想——その心理学観——…………………………… 153
  Ⅳ．マズローの方法——その科学観——……………………………… 154
  Ⅴ．マズロー理論再考……………………………………………………… 156
  Ⅳ．おわりに——経営学への示唆——………………………………… 160

第Ⅳ部　文　献…………………………………………………………… 163

 1　経営学の思想と方法…………………………………………………… 165
 2　経営学が構築してきた経営の世界…………………………………… 166
  ——社会科学としての経営学とその危機——
 3　現代経営学の思想的諸相……………………………………………… 168
  ——モダンとポストモダンの諸相から——
 4　科学と哲学の綜合学としての経営学に向けて……………………… 169
  ——理論理性と実践理性の学問——
 5　行為哲学としての経営学の方法……………………………………… 170

第Ⅴ部　資　料……………………………………………………… 173
　　経営学史学会第19回全国大会実行委員長挨拶…吉　原　正　彦… 175
　　第19回大会をふりかえって……………………松　田　　　健… 177

第Ⅰ部

趣旨説明

経営学の思想と方法

第6期運営委員会

　2010年度の第18回全国大会の統一論題は『危機の時代の経営および経営学』であった。それは，2008年秋に顕在化した金融・経済危機を想起させるテーマではあったが，歴史に学ばず「未曾有の危機」と騒ぎ立てる世情とは一線を引き，経営学成立以来，世界が直面してきた危機——その中には，もちろん，二度の世界大戦，戦間期の文字通りの大恐慌，第2次大戦で焼尽と化した国々における復興への困難な歩み——に対する経営学の構えを問い直す試みであった。

　現実の経営は，ある時には，それらの危機を引き起こす要因になり，またある時には，危機に立ち向かい，あるいは危機からの脱却に対して大きな力ともなるというように，功罪併せ持つ存在であったと考えられる。そして経営学は，その現実の経営と相携えて，ある時には，その現実の経営の理論化を試み，またある時には批判し，あるいは現実の経営を先導してきたとも言えるだろう。したがって，経営学もまた，ある時には，ある意味で危機を引き起こしもし，またある時には批判的に危機の本質を究明し，ないしは危機からの立ち直りに向けて尽力してもきたのである。経営学の歴史は，それぞれの時代の経営とともに生き，形作られてきたのである。

　それぞれの時代の経営は，危機を引き起こすにせよ，危機に立ち向かうにせよ，つねに明示的ではないにせよ，その経営という世界に何らかの思想ないし意味が与えられて存在しているといえる——今回の危機が，ウォール・ストリートの強欲，すなわち拝金主義によって引き起こされたとすれば，その主義もネガティヴではあるが，やはり1つの思想性の表れである——。そして経営学がその現実の経営の在り方の触媒となったことは否定できないであろうし，また，それに批判的に対峙する経営学があった，ないしその危機からの脱却を目指す経営学があるとすれば，そこに「学」の基盤としての思

想性が存在するのもまた明らかである。

　このような経営学と現実の経営の相生の関係を考えると，20世紀に成立し，すでに一世紀を歩んできている経営学が，21世紀の危機ないし課題——例えば，情報化の進展，文化価値の多元性，自然環境問題など——に直面する時，その根底に，経営の「学」の存在基盤が問われていることは否定できない。それゆえ，経営の在り方をその基底から問おうとする経営学の研究，それも広く長い歴史的なパースペクティヴとともにその研究を志す経営学史学会においては，これまでの現実の経営そのものの存在の意味を明らかにし，経営の在り方，在りよう，という経営の世界を問い直すことが求められる。

　しかし，この経営の存在論的地平を指向し，経営の世界の意味を問うこと，すなわち，経営の「学」の思想性は，本学会でこれまであまり議論されることがなかったが，今日の経営学研究を想う時，これを問うことは不可避である。さらに，これからの危機を乗り越えうる経営の「学」の思想性があるとすれば，その思想性を成立させるにふさわしい学的方法は何か，もまた問われなければならない。

　以上の問題意識のもとに，第19回全国大会の統一論題を『経営学の思想と方法』とし，経営学の「学」とは何か，その思想と方法を歴史的に問うものである。

　さらに，本大会では，このような問いへのベクトルをより闡明にするために，今大会において次のような2つのサブ・テーマを設定する。

サブ・テーマⅠ：経営学が構築してきた経営の世界を問う。

　一世紀有余の歴史を有する経営学は，現実の経営をどのように捉えてきたか。これまでの経営学の基底にある経営の在り方，在りよう，という経営存在を明らかにし，そうした存在から，如何なる方向性を目指し，そして如何なる課題に応え，応えられなかったか。この経営学の基本的営為を，その基底にある経営「学」の思想性とともに明らかにする。

サブ・テーマⅡ：来たるべき経営学の学的方法を問う。

　現在が深刻な危機の時代であるとすれば，それを乗り越えうる経営の在り方は，如何にあるのか。その経営存在を問うとともに，そうした存在論的地平に立つ経営学は，如何なる学的方法に基づくことが妥当であるかを

明らかにする。

　青森公立大学で開催された第19回大会は，第18回大会を受け継ぐとともに，記念すべき第20回大会へと引き継ぐものとしてある。

第 II 部

経営学の思想と方法

1 経営学の思想と方法

吉 原 正 彦

I．はじめに——統一論題の問題意識——

　昨年度の第18回全国大会の統一論題は,「危機の時代の経営および経営学」であった。それは, 2008年秋のリーマン・ブラザーズの破綻に端を発した世界的金融危機を踏まえて, 経営学の成立以来世界が直面してきた危機, すなわち2度の世界大戦, 戦間期の大恐慌, 第2次世界大戦で焼尽と化した国々の復興への困難な歩みを取り上げ, これらの危機における経営と経営学を問い直す試みであった。[1)]

　このように第18回大会は, 危機の時代における経営の世界を軸にした経営学との関係を問うものであったが, 第19回の本大会は, その軸を経営学の世界に置き, 経営学の世界と経営との関係を問おうとするものである。

　経営学は,"今, ここにある"現実の経営とともに生き, 歴史を刻んできた。個々の経営は, ある時には時代を生み出す契機となり, またある時には時代の流れに立ち向かい, つねに明示的ではないにせよ, その経営という世界に何らかの意味ないし思想を与え, 同時に経営の世界から影響を受け存在してきたと言える。そして, 時々の経営と相携えてきた経営学は, その経営の在り方の触媒となっていることは否定できないであろう。すなわち, 経営学は, ある時には時代を生み出す経営の理論化を試み, またある時には現実の経営と対峙してその時代からの脱却を目指してきており, そこに経営の「学」の基盤としての思想性が存在するのもまた明らかである。

　こうした経営学と現実の経営との関係を考えると, 20世紀に成立し, すでに一世紀を超える歴史を有する経営学が, 21世紀における経営の世界の課題—例えば, 情報化の進展, 文化価値の多元性, 自然環境問題など—に直面して

いる時，その根底には，経営の「学」の存在基盤が問われていることを意味する。それゆえ，経営の在り方をその基底から問おうとする経営学の研究を，広く長い歴史的な展望とともに志す経営学史学会は，これまでの現実の経営そのものの存在の意味を明らかにし，未来に向けた経営の在り方，有り様という経営の世界を問い直すことが求められよう。

　しかし，経営の存在論的地平を求め，経営の世界の意味という経営の「学」の思想性を問うことは，これまでの経営学史学会ではほとんど議論されることがなかった。過去の正当性は未来を形づくることにあり，経営学史学会として，この問いは不可避であり，さらに今日の経営学研究を想う時，これからの課題を乗り越えるに相応しい経営の学的方法は何か，を問うことが今こそ課されているといえる。

　以上の問題意識のもと，第19回全国大会は，「経営学の思想と方法」を統一論題とし，経営学の「学」とは何か，その思想と方法を歴史的に問うものである。

　人は問うかもしれない，経営学に思想性があるのか，と。また，われわれ研究者が経営学を固有の社会科学であると主張しようとしても，必ずしもそのように受け入れられておらず，日本学術会議では経営学は経済学の一分科に過ぎないとも聞いている。

　ある学問は，固有の対象と方法を有していることで，独立した学問と認められる。経営学は，すでに一世紀を超えているが，その固有の対象と方法を有しているか。ドイツの経営経済学は，その成立当初からその悩みを抱え，幾たびかの方法論争を経て，自らの立場を構築してきている。他方，アメリカ経営学では，マネジメント・セオリー・ジャングルと評されながらも，依然として様々なアプローチから経営の世界を捉え，今日に及んでいる。

　経営学の対象が企業あるいは人間協働一般であることには異論がないであろう。企業ないし人間協働を対象とする経営学は，その成立からそれぞれの時代の企業ないし協働が直面する具体的課題の解決に応えるという形で展開され，実践性に強い学問として今日に至っている。それゆえ，時代の動きに応じて課題も異なり，時々の課題に応える理論が現れては消え，また現れて

既存の理論はどこかに追いやられているのが現状である。こうした現状に対し,「経営学は実践性に立っているから,それでいいのだ」という研究者もおり,経営の世界からの時々の要請に応えることが経営学の使命である,と言い切ることもできよう。

しかし,経営学を社会科学として標榜するならば,それは許されない。経営学の対象が企業もしくは人間協働であることで独立した学問であるとする考えがあるが,例えば,組織の経済学と経営学とはどこが違うのか。経営学は経済学の一分科に過ぎないと言われても,故なき事ではない。わたくしは,経営学は,固有の方法に立ち,科学としての方法を経営現象に取り入れることによって,独立の社会科学でなければならないと考える。では,その固有の「学」としての研究方法は,いかなるものか。しかも本学会で求められる方法とは,経営学の歴史研究における方法である。

II. 経営学史の研究方法としてのパラダイム論

経営学史研究の方法の問題を考えるとき,科学史における T. S. クーン (Thomas S. Kuhn, 1922-1996) のパラダイム論を想起させる。科学論の方向転換を促し,その分水嶺となったのは彼の著書『科学革命の構造』である[2]。彼は,科学の歴史が累積による過程ではなく,非連続の連続の過程であるとして,科学の動態的歴史分析を行ったことは,周知のとおりである。

クーンのパラダイム論を経営学史学会で初めて取り上げたのは,1993年の創立大会における永田　誠博士である[3]。博士は,経営経済学史の方法論に与えたパラダイム論の影響を紹介するとともに,自らはポパーの反証主義を洗練させた I. ラカトシュ (Imre Lakatos, 1922-1974) の「科学的研究プログラムの方法論」(Method of Scientific Research Programme) が最も精緻であるとする[4]。そして,経営経済学史の研究において,SRP における一連の問題の発展を追うだけでなく,SRP 間の闘いの過程,相互の関係を明らかにする必要があるとしており,永田博士の取り上げ方は,パラダイム論それ自体ではなく,パラダイム概念を踏まえた SRP の議論が中心であったといえる。

他方,アメリカ経営学については,1998年の第6回全国大会,会場は本大

会と同じ青森公立大学で，加藤勝康博士がパラダイム論を取り上げている[5]。博士は，経営学の世界がマネジメント・セオリー・ジャングルであることから脱却すべく，「パラダイム転換」における科学的事実の知識と科学者集団という社会構造との相互作用に着目する。彼はバーナード理論を，1930年代のハーバードにおけるL. J. ヘンダーソン（Lawrence J. Henderson, 1878-1942）を中心とする科学者集団から形成されたとし[6]，「仮説発見のコンテクスト」と「仮説検証のコンテクスト」から構成される「科学構造」を有し，科学的成果を累積する基礎の内実を持つa paradigm候補として受容することを主張する。そして加藤博士は，経営学史の構築に向けた科学的探究プロセスにバーナード理論を位置づけ，「仮説発見のコンテクスト」と区別した「仮説検証のコンテクスト」を軸にpre-paradigmからparadigmへの導きを示したのである。

このように，クーンのパラダイム論に対する永田博士と加藤博士は，ドイツ経営学とアメリカ経営学との違いがあるが，ともに科学的認識レベルに焦点を絞り，クーンのパラダイム概念の不充分さを踏まえて自らの主張を展開している。

確かにクーンは，論理実証主義者やポパーから批判を受けて，パラダイム概念に「専門母型（disciplinary matrix）」や「見本例（exemplar）」の語句を用いて概念の明確化を図っている[7]。しかしクーンのパラダイム論の真骨頂は，なぜパラダイムなのか，それがどのように形成され，パラダイムの転換がなぜ起こるのか，という「科学革命」と呼ぶ科学史上の非連続の連続という動態的過程を明らかにすることにあった。そして，加藤博士が示した科学構造の「仮説発見コンテクスト」と「仮説検証コンテクスト」の区別そのものに対する問いかけこそがクーンにとっての問題であった。クーンのパラダイム論は，両博士が取り上げたようなパラダイム概念の認識上に留まるのではなく，基本的に科学史における歴史叙述法（historiography）に関する問題提起である。その問題提起を通して，科学は人間による永遠不変の累積的成果ではなく，歴史的，社会的に拘束された認識活動であることを示そうとした。そのことのゆえに，科学の歴史的研究は，通時的な歴史的・社会学的分析への道を拓くものとなったのである。

このパラダイム論に基づくならば，経営学の歴史的研究においても，時間の流れとともに変化する通時的な歴史的，社会学的分析に注目しなければならない。そして，そこでの問題が，「通約不可能性（incommensurability）」の問題である[8]。

クーンに先立ち，論理実証主義に対する批判の先鞭をつけたのは，N. R. ハンソン（Norwood R. Hanson, 1924-1967）である。彼は，観察と理論とを峻別する論理実証主義者に対して，観察の概念を検討し，「…を見る（seeing）」ことと「…として見る（seeing as）」こととを同一視してはならないとする。見えるものが人によって異なっている，あるいは，見るものが皆同じであるということがあるが，それは，そのものについての知識や理論が異なっているか，同じであることに関連している。こうした観察者の持つ経験，知識，理論による観察上の異同から，ハンソンは，「xについての観察は，xに関する先行的知識によって形作られる」という「観察の理論負荷性（theory-ladenness of observation）」を主張する[9]。

理論から独立した純粋無垢の観察による「裸の事実」なるものはなく，観察，データは知識の認識論的先行性を有し，観察それ自体はすでに理論の浸透を受けた行為である。それゆえ，観察事実に基づいた理論の検証ないし反証の過程には一種の循環が含まれ，「観察の理論負荷性」というハンソンの主張は，事実の証明である実証性という科学の基礎を揺るがすものであった。

そして，ハンソンの主張から導き出されるのが，クーンの「パラダイム転換」の所以となる「通約不可能性」である。「通約不可能性」は，2つのパラダイムの間には比較する共通尺度がなく，比較不可能であることを意味し，それゆえ，あるパラダイムから別のパラダイムへの転換は，科学革命（scientific revolutions）となる。

III. 通約不可能性から理解可能性へ──「生活世界」への眼差し──

しかし，パラダイム転換としての科学革命を認めるとしても，今述べた「通約不可能性」を文字通り受け入れることには問題がある。なぜならば，「通約不可能性」は，共時的叙述は別としても，通時的叙述という歴史研究にとっ

て大きな障害となるからである。経営学の歴史研究においてもしかりである。例えば、テイラーの科学的管理法と人間関係論が「通約不可能」であるならば、通時的な歴史研究は不可能であり、単なる学説の羅列として、歴史上の出来事を年代順に記す年代記（Chronicle）に過ぎなくなり、学史研究とはいえないであろう。[10]

それゆえ、通時的な歴史研究を求めるには、野家啓一博士が言うように[11]、「通約不可能性」を打ち破る可能性、すなわち、「通約不可能性」が「理解不可能性」を意味するものではない、という視点を見出すことである。その視点とは、パラダイムそのものが科学的認識のレベルにおける概念であることを踏まえつつ、その科学的認識の基盤としての日常の世界、E. フッサール（Edmund G. A. Husserl, 1859-1938）の言う「生活世界」と科学的認識レベルのパラダイムとの関係を問うことである、とわたくしは考える。

フッサールは、科学の根源的基盤を「生活世界（Lebenswelt）」と呼び、それは、すべての学問に先立ち、いつもわれわれの前に直接に与えられている「生」きている世界である。[12] フッサールが生きた世界は両世界大戦間のヨーロッパの世界であり、その時代に人間性の危機を抱いた彼は、数学的構造を真なる存在とするガリレオの「自然の数学化」を検討し、真理性の根拠である「生」の基盤としての「生活世界」を忘却していると批判する。「生活世界」は、一切の科学に先立ってすでにわれわれの直接の経験に与えられている世界である。したがって、経営学という科学もこの「生活世界」から出発して初めて、その真の意味を明らかにできる。このことは同時に、経営という存在を問い、いかなる思想性に基づいて経営の「学」を構築するか、という方法的態度をも問うことを意味する。何よりも経営学の「生」に対する意義のためである。

科学的認識の基盤をなす「生活世界」に関して、古いことであるが、わたくしが行った学会報告——バーナード理論の道徳概念による組織経済から管理責任の問題への解明——に触れておきたい。[13] 道徳概念によって示される人間協働の責任問題は、今日では当たり前であるが、当時は初めてのことであった。最初の質問者は占部都美博士（1920-1986）であり、バーナード＝サイモン理論を中心とした『近代管理学の展開』で自らの経営学を確立した博士は、「君が取り上げた道徳の問題は、科学ではない」と一蹴したのである。その時

が日本経営学会のデビューであったわたくしは，博士のその指摘に何も言えなかった。

しかし今なら，次のように答えたい。バーナードは組織経済の問題を論じるにあたってV. パレート（Vilfredo F. D. Pareto, 1848-1923）の「効用（utility）概念」を用いたが，その効用概念は，パレートが経済学における効用概念の曖昧さを避けるために，「オフェリミテ（ophelimite）概念」と峻別したものである。オフェリミテ概念は，あるものが欲求ないし欲望を充足させる適合関係を意味し，何が好みか，何が正当かを問う必要はなく，最大の満足を得る最適手段のみが問題となる。それに対して効用概念は，有益なもの，正当なことを意味し，オフェリミテとは異なり価値評価を含み，何に価値を認めるかは評価主体によって異なるものと提示されている。バーナードは，組織経済をその効用概念を用いて論じたゆえに，価値の問題を扱う道を切り拓き，そのために道徳概念を導入し，責任論を論じることができた。それは，近代科学がA. N. ホワイトヘッド（Alfred N. Whitehead, 1861-1947）の言う「具体性取り違えの誤謬（fallacy of misplaced concreteness）」を往々にして犯すという問題性をバーナードは知っていたがゆえに，自らの「生活世界」に立ち戻り，そこを基盤にして理論構築を行った結果なのである。占部博士は，効用概念の厳密な意味を捉えていないばかりか，論理実証主義の立場からの科学観に立ち，かつ科学的認識の基盤である「生活世界」を看過して「生」の基盤を見失い，近代科学の世界のみからの主張ではないのか，と。

経営学は，その成立以来，現実の経営からの要請に応える形で展開してきた実践的な学問である。経済学とは異なり，具体的な経営の世界から見出した直接の課題を解決する経営学の基底には，その直接の課題を有する経営と相互浸透している「生活世界」がある。われわれの眼差しを経営存在の基盤である「生活世界」につねに向けることが，社会科学としての経営学固有の在り方である。それゆえわれわれは，認識に先立つ存在を問うことが不可欠であり，科学の世界における「観察の理論負荷性」によって経営の問題を取り上げ，そこでの解決をそのまま「生活世界」の経営の世界に戻すことから生ずる「具体性取り違えの誤謬」を犯してはならない。われわれ経営学者は，

この「生活世界」を自明とし，これを前提にして，科学の成立から経営学を論じる傾向にあるが，この「生活世界」がどのようなものであるかを明らかにしない限り，科学としての経営学は真に基礎づけられないことを肝に銘ずべきである。

われわれが過去を観る正当性は，未来を見据えることにある。経営と相携えて時代とともに歩んできた経営学において，これまでどのような経営の世界，そして生活世界をどのように捉えてきたのか，という思想性を問い，そして，生活世界を形作っている経営の世界をどこまで映し出してきたのか，という問いかけが，21世紀の経営学を見据えることになる。

昨年度の統一論題とは異なり，経営学の世界を軸とし，経営学という科学の世界が，その根源的基盤である現実の経営を含む「生活世界」をどこまで自覚し，それを明示的に捉えているか，という存在論を問うこと，これが本大会の統一論題である「経営学の思想と方法」の持つ基本的意味である。

統一論題の「経営学の思想と方法」には，2つのサブ・テーマが設定されている。第1は，**「経営学が構築してきた経営の世界を問う」**ことである。一世紀有余の歴史を有する経営学は，現実の経営をどのように捉えてきたか。これまでの経営学の基底にある経営の有り様という経営存在を「生活世界」との関連で明らかにし，そうした存在から，経営学が如何なる方向性を目指し，そして如何なる課題に応え，応えられなかったのか。この経営学の基本的営為を，その基底にある経営の「学」の思想性とともに明らかにする。

このサブ・テーマⅠに，上林憲雄氏と稲村　毅氏が挑む。上林氏は「社会科学としての経営学」という視点に立ち，時代ごとのコンテキスト（歴史性と地域性）から「経済性」と「社会性」という2つの軸にして，この課題に応えてくれるものと期待する。また稲村氏は基本的に批判経営学の立場から，モダンとポストモダン，とくにポストモダンに焦点を合わせて現代経営学の思想的諸相を浮き彫りにして，この課題に応えてくれるものと期待する。

第2のサブ・テーマは，**「来たるべき経営学の学的方法を問う」**ことである。現代が深刻な危機の時代であるとすれば，それを乗り越えうる経営は，如何に在るのか。その経営存在を問うとともに，そうした経営の世界を含む「生

活世界」に眼差しを置く存在論的地平に立つ経営学は，如何なる学的方法に基づくことが妥当であるかを明らかにする。

このサブ・テーマⅡに，菊澤研宗氏と庭本佳和氏が挑む。菊澤氏は，自らが拠って立つ批判的合理主義による経験科学としての経営学を検討し，経営哲学を補完的に位置づける綜合学を目指すこととして，この課題に応えんとしている。そして庭本氏は，経営学の実践性に着目するゆえに，行為哲学に基づく新たな経営の学的方法を構築することにより，この課題に応えるものと期待する。

報告される4名の諸氏は，「経営学の思想と方法」の統一論題を真正面から挑戦していると受け取ることができ，基調報告者として，その尽力に対して深く感謝申し上げる。

Ⅳ．おわりに——東日本大震災に触れつつ——

本大会の準備を行っている最中の3月11日，東日本を襲った地震は未曾有の被害をもたらした。とくに，東京電力福島第一原子力発電所の放射能汚染は，1986年のチェルノブイリ原子力発電所事故に匹敵する歴史上なかったことである。その福島第一原発でよく使われ，流行語ともなったのは「想定外」であるが，この「想定外」の持つ意味は何か。想定とは，「ある条件や状況を仮に設定すること」であり，福島第一原発での想定は，地震や津波の影響を定め，その設定には当然に科学的裏付けがあったはずである。しかし，実際に起こった地震，その後の津波の影響が，科学研究の成果に基づくものを超えた，それゆえに「想定外」であると。

科学研究は，第2次大戦以降，巨額の資金に支えられた組織プロジェクトとなり，基礎研究と技術開発とが融合した「テクノサイエンス」へと変貌し，「科学の産業化」が進展した。この結果は，研究者が日常の「生活世界」からかけ離れ，特定の巨大プロジェクトに直接関わる世界に奉仕する，いわば「請負科学者」となる可能性を宿している。[16)]

ハンソンの「観察の理論負荷性」やクーンのパラダイム論に象徴される新科学論そのものに対して，すべての人が肯定しているとは思わない。しかし，

「科学の産業化」によるそれまでの科学者の態度と行動の変容が福島第一原発の問題にまったく影響を及ぼしてはいない，と言い切れるだろうか。新科学論の提起した問題は，人間の「生」に対する科学の存在意義を問うものである，とわたくしは考える。

　さらに，この度の東日本大震災は，1995年の阪神・淡路大震災のような都会型ではなく，地方型の大震災である。地方と中央の格差，過疎ゆえの高齢社会という日本の宿命を背負いつつ，都会暮らしの人々が愛している山の幸，海の幸が豊かに息づいている土地，それが地方の東北地域であり，そこでの大震災であった。

　2011年末における死亡者，行方不明者は，阪神・淡路大震災の3倍を超える約1万9千名。津波によって土台のみ残された家屋，一階部分が「抜けている」鉄骨のみの工場，押し流されて山積みとなった多くの車，漁船が突き刺さったままの建物の光景は言葉を失わせる。地方型の東日本大震災は，人々の「生」の基盤である家族，仕事，会社，地域，そして自然という「生活世界」のすべてを奪い，コミュニティを崩壊させた。そうした惨憺たる有り様に対して，経営学は如何なる貢献をなしうるのであろうか。

　近年，企業，そして人間協働一般を対象とする経営学において，地域経営の問題が論議されるようになってきた。それは，地域という場での振興ないし活性化に向けた経営の問題であるが，注目すべきは経営の主体である。地域経営の主体は，これまでの経営学が前提としていた単一体ではなく，地方自治体，企業，非営利組織，民間団体など複数の主体から構成され，それら複数の主体間の連携によって具体的な地域が支えられているのが現実である。それゆえ地域経営の問題を考えるにあたっては，改めて経営そのものを存在論的地平において捉え直さなければならないといえる。

　これまで"生きる"ことを考えてきた経営は，"生かされつつ"ある経営であることを思い知らされている。震災によって自然に生かされつつあることを実感しつつも，現実を生きざるを得ない。宮城県石巻市に住む教え子である会社経営者の，被災直後に吐露した「時間と社会は待ってはくれない」という言葉，そして年末に，「よくぞ生きていてくれたことを，崩壊した会社，瓦礫と泥まみれの中で，本当に苦しい時期を乗り越えて頑張ってくれたこと

を思うと,目頭が熱くなる」という言葉が,今も胸に深く響いている。

地域の復興を目指した地域経営に対する,「今,ここの」経営学への期待は大きいと思いつつ,基調報告を終えさせていただく。統一論題に基づく,サブ・テーマⅠとサブ・テーマⅡでの活発な議論を通して,青森公立大学で開催される第19回大会は,第18回大会を受け継ぐとともに,記念すべき第20回大会へと引き継ぐものと期待するものである。

注
1) 経営学史学会編(2011),『危機の時代の経営と経営学』経営学史学会年報第18輯,文眞堂。
2) Kuhn, T. S. (1962, 1970), *The Structure of Scientific Revolutions*, 2nd ed., Univ. of Chicago Press. (中山 茂訳『科学革命の構造』みすず書房,1971年。)
3) 永田 誠(1994),「経営経済学史と科学方法論」経営学史学会編『経営学の位相』文眞堂,79-107頁。
4) Lakatos, I. (1978), *The Methodology of Scientific Research Programmes*, Philosophical Papers volume 1, John Worrall and Gregory Currie (eds.), Cambridge Univ. Press. (村上陽一郎他訳『方法の擁護』新曜社,1986年。) ラカトシュのSRPの問題について一言触れるならば,彼の言う「堅い核(hard core)」と補助仮説からなる「防護帯(protective belt)」に対しては,クワインのホーリズムからの検討を要する。Quine, W. V. O. (1953, 1961, 1980), *From a Logical Point of View : 9 Logico-Philosophical Essays,* Second ed., revised, The President and Fellows of Harvard College. (飯田 隆訳『論理学的観点から―論理と哲学をめぐる九章―』勁草書房,1992年,64頁。)
5) 加藤勝康(1999),「経営学史の構想における一つの試み」経営学史学会編『経営理論の変遷―経営学史研究の意義と課題―』文眞堂,11-22頁。
6) 1930年代のハーバードの情況については,以下を参照されたい。吉原正彦(2006),『経営学の新紀元を拓いた思想家たち―1930年代のハーバードを舞台として―』文眞堂。
7) Kuhn, T. S. (1977), *The Essential Tension: Selected Studies in Scientific Tradition and Change,* The Univ. of Chicago Press, pp. 297-298. (安孫子誠也・佐野正博訳『本質的緊張―科学における伝統と革新―』みすず書房,1992年,383-385頁。)
8) Kuhn, T. S., *The Structure of Scientific Revolutions, op. cit.,* pp. 148-150. (邦訳,166-170頁。)
9) Hanson, N. R. (1958), *Patterns of Discovery : An Inquiry into the Conceptual Foundations of Science,* Cambridge University Press. (村上陽一郎訳『科学的発見のパターン』講談社学術文庫,1986年,41-43頁。)
10) 吉原正彦(2009),「再び,歴史が動く―拙著への批判に寄せて―」(論争:バーナードの学説と方法)経営哲学学会編『経営哲学』第6巻・2号。
11) 野家啓一(2007),『増補 科学の解釈学』筑摩書房,138-153頁。
12) Husserl, E. (1954), *Die Krisis der europaischen Wissenschaften und die transzendentale Phanomenologie,* Martinus Nijhoff, Haag. (細谷恒夫・木田 元訳『ヨーロッパ諸学の危機と超越論的現象学』中央公論社,1974年,7頁。)
13) 同志社大学で開催された日本経営学会第53回全国大会での報告。吉原正彦(1980),「組織経済と管理責任」日本経営学会編『現代経営学の基本問題』千倉書房,121-126頁。
14) Barnard, C. I. (1938), *The Functions of the Executive,* The Harvard Univ. Press, pp.

240-256.（山本安次郎・田杉 競・飯野春樹訳『新訳 経営者の役割』ダイヤモンド社，1968年。）
Cf., Freund, J. (1974), *Pareto, la theorie de l'equilibre,* Seghers.（小口信吉・板倉達文訳『パレート―均衡理論―』文化書房博文社，1991年，23-25頁，127-128頁。）

15) Whitehead, A. N. (1926), *Science and the Modern World,* Macmillan, p.51.（上田泰治・村上至孝訳『科学と近代世界』松籟社，1981年，67頁。）

16) 野家啓一，前掲書，194-196頁。

2 経営学が構築してきた経営の世界
―― 社会科学としての経営学とその危機 ――

上　林　憲　雄

Ｉ．はじめに

　本稿の目的は，これまで既に一世紀有余の歴史を有する経営学が，現実の経営をいかように捉えてきたかについて明らかにすることにある。統一論題の趣旨解題から引用すれば，「これまでの経営学の基底にある経営の在り方，在りよう，という経営存在を明らかにし，そうした存在から，如何なる方向性を目指し，そして如何なる課題に応え，応えられなかったか。この経営学の基本的営為を，その基底にある経営『学』の思想性とともに明らかにする」ことが本稿の目的である。

　とりわけ本稿において着眼される点は，副題として掲げた「社会科学としての経営学」という視点である[1]。後述するように，学問としての経営学は社会科学の一下位領域として発展を遂げてきたが，この社会科学の一領域としての経営学が，いかに現実の経営現象を捕捉し，学問としての社会科学の発展に貢献してきたかという視点から，論者の私見も交えながら解釈してみようというのが本稿での試みである。

　本稿の構成は以下のとおりである。まず次のⅡで，「学問」や「社会科学」，「経営」，「経営学」など本稿の基礎となる諸概念を整理する。そのうえで，ⅢおよびⅣにおいて，経営学の学的展開について検討を加える。Ⅲでは組織の内部管理的側面について，Ⅳでは組織の対外的な環境対応的側面について，それぞれ経営学が構築してきた経営の世界や経営現象の捕捉方法に焦点を当て，その特徴を探る。これらの分析を踏まえ，Ⅴにおいて，昨今における経営学の展開が，現実の経営現象を精確に照射できているかどうか，そして経

営学が社会科学の一下位領域として学問の発展に寄与しうるか否かについて，論者の若干の危惧を述べることとしたい。

II. 基礎となる諸概念の整理

1. 学問の系譜

　学問とは，ある一定の領域や分野における知識を体系化することにより真理を解明しようとする人間の営みである。この「知識の体系化」の方法には，それぞれの学問に於ける独自の問題意識や認識対象から派生する，固有のパターンが存在している。逆にいうと，およそ学問である以上，そこには必ず固有のパースペクティブや方法論が定立されていなければならない。(「経営学」におけるそれらが何であるかについては後述する。なお，学問と科学 (science) との関係について，学問をヨリ広義に人格の修養の意を含む概念として捉え，科学から区別する立場もあるが，ここでは両者を同義に捉えることとする。)

　この「学問」の系譜は，周知のように，伝統的には2つないし3つの領域に区分される。2つに分ける場合には自然科学 (natural sciences) と人文社会科学，3つに分ける場合には人文社会科学を人文科学 (humanities)，社会科学 (social sciences) へとさらに細分化する区分法である。各領域の学問的詳細についてはここでは擱くこととして，本稿の文脈で重要なポイントは，自然科学と比較した場合の（人文）社会科学の学問的特性である。人間の意思や行為が及び得ない自然界の法則によって支配される自然現象の法則性を解明しようとする自然科学とは違い，人間存在それ自体を対象とする人文科学や，社会（即ち，人間が他の人間と結びつく関係性）を対象とする社会科学においては，自然科学ほどに厳密な法則性を解明することは，その対象の特性からしてそもそも不可能である。ここに「厳密な法則性」とは，単純化して言えば，「AならばB」という形態で因果関係を明確化できることを指す。つまり，Aという初期状態であれば必ずBという状況が発生するという蓋然性が高いほどその法則性は強固であり，現象のその法則性に従った説明可能性が高いほど厳密度が高いということになる。自然科学でいう厳密な法則性，

例えば「手に握ったボールを放せば，一定の加速度のもと，地面に落下する」といった類の厳密な法則性を導出することは，社会科学の場合には，初期状態を精確に特定することも困難であり，また結果へと至るその過程にも多種多様な個人・社会関連の諸要因が複雑に絡み合うことからして，およそ不可能に近いといってよい。

したがって，社会科学の研究で重要となるのは，事象を普遍的なものと前提して考察するのではなく，その事象の発生するコンテキスト（歴史性と地域性）とともに理解しようとする分析スタンスである。ある１つの現象を取り上げて説明しようとする場合には，常にその現象の生起するコンテキストに配慮しながら，つまり「なぜ今（歴史性），ここで（地域性）」という点に鑑みつつ分析を試みる必要があるのである。経営学を社会科学の一分科として捕捉するのであれば，当然に経営学の研究においてもコンテキストの理解が重要となる。コンテキスト要因の制約の下，できうる限りにおいて厳密性の程度を向上させることが社会科学研究の基盤となるといえよう。

一般に，経営学は社会科学の一分科として捉えられるわけであるから，いかなる経営学研究であっても，研究者はこうしたコンテキスト要因（歴史性と地域性）を常に念頭に置いたうえで対象へアプローチする必要がある。したがって本稿においても，経営学の学的展開を検討するⅢ・Ⅳにおいては，コンテキスト諸要因の制約下における経営学の展開を述べることになろう。但し，その前に「経営学」とはどういう学問領域であるか，論者の基本的理解を明確にしておきたい。

2．経営学の研究対象

一般の日常用語としての「経営」は，国語辞典によると「方針を定め，組織を整えて，目的を達成するよう持続的に事を行うこと，特に会社事業を営むこと」である（『大辞林』三省堂）。経営の学である経営学は，当然にこの「経営」現象の科学的解明が第一義的目的となる。この日常用語の使用法からも窺えるように，経営学が対象とする経営現象は，厳格に「企業」の経営に限定する立場と，企業以外のあらゆる組織体の経営をも含んで経営学の対象とする立場の２種類存在することになる。経営学の学問系譜上も，研究対象

に関してこの2つの立場に分類できる。この両者の立場の違いは，論者の個人的見解では，資本主義体制下での「企業」という存在の本質をいかに認識するかによって異なっている。即ち，経営学の対象を企業に限定する立場では，企業の最も根源的な特性は，事業主と労働者の間に交わされる雇用関係にあると捕捉する。この雇い雇われる関係を基盤としてほぼ全ての経営現象は生起しているのであり，したがって雇用関係への注視なくしてはいかなる経営現象の解明もなしえない。逆に，経営学の対象を企業以外の組織体全般に拡張させる立場では，企業の本質は（雇用関係よりも）「協働の場としての組織」であり，人が集まって組織として協力し何らかの事をなそうとすれば，どういった組織体であれ，多かれ少なかれ類似の現象形態になるとの了解がある。こうした企業という存在の捉え方に関する基本認識の相違が，研究対象に関して2種の異なる立場を生じさせているのであろう。

論者の捉え方は，このうちの後者の立場に近い。即ち，経営学の分析対象として，企業が最も重要な対象ではあるが，企業に加え他のあらゆる組織体に拡張させて経営学の体系を構築してもよいのではないかと考えている。論者がこうした視点に立つ所以は，昨今，経済社会における活動主体として，私企業ではないNPOの存在意義がますます増大しつつあり，そこでも組織体としての「経営」それ自体は不可欠であること，また私企業の分析に際しても，組織としての分析と雇用関係の分析とを結合させ，双方を有機的に組み合わせながら論じることで，より多面的に経営現象を分析できると考えられること，などの理由からである。ただ，いずれにしても，経営学研究においては企業が最も枢要な対象であることに変わりはなく，したがって以下では，特に断りのない限り，企業を対象とした経営学を念頭に置いて議論を展開する。

なお，経営学で企業を対象として分析する場合，企業の活動プロセスのどこまでを対象とすべきかが問題となる。紙幅の制約上，詳述は避けるが，製造企業の場合，企業内的プロセス，即ち経営者が戦略を立て組織を作り，原材料からヒト・モノ・カネ等の経営諸資源を組み合わせて製品を完成させるまでのプロセスを経営学（狭義），その後，完成した製品が市場での交換過程を経て消費者の手元にまで届けられるまでのプロセスが商学（狭義）の対象

であると捉えられる。この経営学と商学の双方を併せて経営学（広義）ないし商学（広義）と称する場合もあるが，本稿においては，上述の経営学（狭義）を念頭に置き，以下，論ずることとしよう。

3．経営学の方法論的特質

　企業を対象にするにしても，あるいは組織全般を対象にするとしても，経営学の研究には非常に多様なアプローチが用いられる。実証主義（特にサーベイリサーチ），解釈主義，構造主義，ケーススタディ，エスノグラフィ，歴史，アクションリサーチ，数学などである。（なお，これらは論者の本務校の大学院教育カリキュラムで実際に経営学研究の「方法論」として教えられている諸アプローチである。但し，本稿では「方法論」という用語をこれら具体的「アプローチ」よりも上位にくるべき，根幹をなす原理原則や哲学的前提を包摂する概念として捕捉し，両者を区別する。）

　およそ学問である以上，その学問領域固有の方法論を有していてしかるべきであるが，経営学の場合，上述のようなアプローチの多様性とも絡み，方法論的に曖昧であり学問的基軸が不明確であると批判されることが多い。このことは，経営学が学術として未だ成熟途上であると一部で揶揄されるゆえんでもある。但し，論者は「経営」の本質を，組織体の主体（企業であればトップ経営者）が何らかの事をなすという目的のために主体的に決定し，資源動員を行う行為として捉えており，したがって「経営学」の方法論は，いかなるアプローチを選択するものであれ，こうした経営主体の意思や目的志向性と絡ませる形で組織現象を解明しようとするものでなければならないと考えている。つまり，およそ経営学の研究であると標榜する以上，いかなる分野（労務管理，生産管理，財務管理，情報管理等）であれ，いかなるアプローチを選択しようとも，経営者の主体的意思がいかに経営現象として現れるか，換言すると個々の現象にいかに経営者の意思が貫徹し，経営の理にかなっているかという経営存在を解明するものでなければならない，と理解している。例えば，上記の各管理論はすべて，経営者が経営目的を達せんがために，そのそれぞれの経営資源を管理しようとする構造と過程を解明する分野である。また，既述の諸アプローチの中には，経営学以外の特定の学問領

域と親和性の高いものも含まれるが，経営学的分析である以上は，いずれの学問領域からの接近であれ，あるいはいずれの学問領域の概念を援用し論じられたものであれ，最終的には経営者の主体的意思の貫徹行為として合理的に説明できるものでなければならないと考えられる。

　このように，経営者の理にかなった合理性の分析が経営学研究の基軸に据えられ，またこれが経営学の方法論的特性であるとしても，この合理性の根拠はどこに求められるのであろうか。あるいは，経営者の行為が合理的であるとすれば，それは何ゆえに合理的であると判断できるのであろうか。経営学では，この合理性を概ね2つの「異なる」次元から捕捉してきたと考えられる。即ち，経済性と社会性の2軸である。ここに経済性とは，一定の成果を最小の費用で達成しようとすることであり，本稿の文脈では効率性や収益性と読み替えても差し支えない。経済性は費用と成果の関係性を貨幣的価値に還元して捉える志向であり，この側面に注目した合理性は，一般に経済合理性と呼ばれる。他方，社会性とは，人間と人間の間の関係である社会に適合しようとする志向であり，ひとまずは貨幣的価値に還元しえない，他者との関係性の志向を指す。組織内の人間関係も社会であり，当該組織が位置する地域や，その地域が属する国家もまた，レベルは異なるが社会である。こうした多様な社会に適合し，存続しようとする志向性を社会性と呼び，またこの側面に注目した合理性は社会合理性と呼ばれることもある。これまでの経営学は，基本的にこの2軸に沿って，あるいはこの2軸の関係性を，明示的であれ暗黙的であれ分析の基礎に据えながら展開してきたといってもよい。節を改めて検討してみよう。

Ⅲ．経営学の学的展開——内部管理的側面——

1．基本構造

　企業組織の対内的管理の局面において，経営者は，少なくとも短期的には社会合理性よりも経済合理性の優先順位を高く置いて行動する。本稿の文脈で鍵となるのは，この経済性と社会性の関係をどう捉えるかという論点である。結論から先に述べれば，この両者の合理性判断を，欧米では相互に相殺

されるトレードオフ関係として，(少なくとも伝統的には)捕捉する傾向にあり，日本では必ずしもトレードオフ関係としてではなく，双方ともに両立できる可能性を持つ関係として捉えている，という点である。つまり，欧米では，その基底に伏在する哲学的認識として（あるいは文化的価値意識として），経済性を高めようとすれば，基本的には社会性を低くせざるを得ない，逆に社会性を高めれば，経済性は多少後退せざるを得ない，と暗黙のうちに理解される傾向にあるのではないかということである (cf. 宗像 1989)。日本では，必ずしもこの双方を固定的にトレードオフ関係とは認識しない傾向にあるようであり，後述するように，これが欧米世界から見た「日本的経営」の神秘性であったのではあるまいか。以下で若干敷衍しよう。

例えば，「労働の人間化」の基礎理論として，1970年代の一時期，隆盛であった社会-技術システム（STS）論の基本的発想は，「技術システム」と「社会システム」の「最適結合」(joint optimization) によって人間化が実現可能とされるが，当該理論の基本文献であるトリスト（Trist）らタビストック学派の文献を読むと，随所に，最適結合のためには技術システムと社会システムの双方を高めるのではなく，どちらのサブシステムも適当なポイントで留めて妥協し，"折り合い"をつけなければならないと想定されているように読み取れる箇所が散見される。つまり，技術システムの経済性と，社会システムの社会性との（上位レベルでの）「両立」はそもそも困難であるという認識が基底にあるのではないか。これに対し，日本ではそもそもSTS論の発表以前の段階から既に，両者をうまく統合させた経営がそれなりに根付いており，したがって，実践的にも学問的にも当該理論に注目されることが少なかった（この点は，STS論者の間でよく指摘される問題提起である）。こうした点は，見方を変えれば，日本企業では社会性と経済性の双方を別の軸でとらえ，双方の関係を managerial なものとして捕捉していた可能性を示唆している。

また，1980年台後半にアメリカで注目を集めたエンパワメント（empowerment）の議論においても，現場に権限を委譲し現場従業員のエンパワーする必要性が説かれたが，この背後には，管理の階層構造を少し緩め現場に「活力」を与えることが，経営者の経営権の後退に対する危惧と結びつくことを言外に想定しているように読める文献が多い。経営権は多少後退させた上でないと

現場に活力を付与することはできず，その方が長期的には合理性をもつ可能性のあることが，これらの文献には暗黙裡に想定されている。ここにも，アメリカでは経済性と社会性をトレードオフ関係として捕捉する認識の一端が見て取れる。逆に，日本企業の職場では，アメリカ企業と比する場合，そもそも現場に相当程度の権限が存在しており，また上位からの権限移譲も常軌的にかなり頻繁に行われていることは，各種の実態調査で明らかにされている事実である。このことは，日本企業においては現場に活力を持たせることが，必ずしもトップの経営権侵害という認識と直接的には結びつかない，即ち社会性志向が経済性とは矛盾せず両立しうる存在として捕捉されている可能性を示唆する。換言すれば，アメリカでは経済性と社会性をいわば単一軸で（一直線上に）捕捉しようとする志向があるのに対し，日本では両者を相互に異なる軸として認識しており，それゆえこの両軸の組み合わせ加減をどうするかが managerial なポイントの1つであると捉えているのではないかと推測される。

2．人の管理パラダイムの史的変遷

こうした基本構造についての論者の認識を基に，「人の管理」領域におけるパラダイムの歴史的変遷に言及しておこう。一般に，人の管理の領域では，その支配的パラダイムは「人事労務管理」（PM）から「人的資源管理」（HRM）へと移行してきたと理解されている。移行の時期には諸説があるが，人的資源管理という用語が学界・実務界に流布し定着してきたのは概ね1980年代（日本での用語普及は1990年代）であるとされることが多い。

PMとHRMがどのように異なるかに関し，PMが内部組織における人の管理にかかわる諸活動（賃金・保険業務，職場コンフリクトや労使紛争の解決）が主業務であったのに対し，HRMではより企業の全社戦略とのリンクが強くなっている点とか，あるいは，PMでは個々人の動機付けや学習という側面は相対的に低く，経済的側面での契約関係（一定の労働力に対する賃金支払い）が中心であったのに対し，HRMではむしろ個々人の動機付けが基礎となり，職場学習を多用し，また「キャリア開発」を行い，経済契約を超えた労働やコミットメントを引き出すための「心理的契約」が重視される点などが，両

パラダイム間の相違として指摘されている。但し，PM と HRM の最も重要な相違点は，PM では人という要素を単なる労働力や賃金を支払うべき対象としてのコストとして捕捉しているのに対し，HRM では，人は教育訓練次第で当該企業にとって大きな競争優位をもたらしうる源泉としての貴重な資産であると捉えられている点である。HRM は，短期的な経済的側面よりも，より長期的な社会的側面も加味したうえでの「人の管理」パラダイムであるという点である。

　これまで殆ど議論されることはなかったが，実は，論者はこの（アメリカにおける）HRM パラダイムの成立・普及には，1970－80年代のいわゆる「日本的経営」の成功に，かなりの程度影響されているのではないかという仮説を持っている。HRM の"新しい"側面と喧伝される職場学習や心理的契約の重視は，HRM パラダイムが現れるより前の段階から日本企業が伝統的に有してきた発想法に近いし，そもそも「人を大事にする経営」は（異論もあるが）多くの日本企業が堅持してきた管理方式であった。日本的経営の成功に触発されたアメリカの研究者が「日本的経営」の諸制度を再編成し，特に戦略面を重視しながらアメリカナイズした「人の管理」の発想法が HRM パラダイムではなかったか。〔裏返して言うと，日本的経営は「戦略」面は弱かった。この点は，「日本企業に戦略はない」と主張する一部の戦略論者，例えば（三品 2004）の見解とも符合する。〕極めて単純化していえば，アメリカでの「人の管理」は，経済的側面中心の PM パラダイムに，日本企業から人間志向の社会的側面の重要性を学び，それに HRM という呼称が付されたのではなかったか。経済性と社会性を単なるトレードオフ関係として捕捉する考え方に代え，経済性と社会性の双方を高めうる経営実践の可能性を志向し，それを日本的経営から学んだのである。ただ，社会性に目を向けようとしたアメリカ企業であったが，やはり経済性を主に考えようとする一派は，HRM の戦略面を更に強化すべく，SHRM（戦略的人的資源管理）というパラダイムへとさらに「進化」させ，具体的にどういった人事慣行を行えば収益向上につながるかを実証的に検討しようとしている。SHRM 論では，論者の知る限り，収益向上等の貨幣的価値に還元されない議論は非常に少なく，社会性の観点からすると HRM パラダイムよりも寧ろ後退している感がある。換言すると，

アメリカでは経済性と社会性をトレードオフ関係でみる見方そのものから，やはり脱し切れていないといえるのかも知れない。

IV. 経営学の学的展開──環境対応的側面──

前節では企業の内部管理に関する側面を取り上げたが，本節では企業の対外的側面，経営環境への対応という側面で，いかに経営学研究が展開されてきたかについて，そのごく一端の整理を試みよう。統一論題趣旨解題でいうと「21世紀の危機ないし課題──例えば，情報化の進展，文化価値の多元性，自然環境問題など──に直面するとき」，経営学がこれら所与の環境をどのように解析し，対応しようとしてきたか，という点である。本稿では，経営学，とりわけ人の管理・組織論分野でこれまで比較的取り上げられることの多かった2つの論点，即ち①情報技術（IT）革新への対応，②ワーク・ライフ・バランス（WLB），について若干の検討を加えてみることとしよう。ただ，以下の所論は，それぞれの論点における議論を必ずしも踏まえたものではなく，論者自身の視点や個人的見解の提示に過ぎないことをご容赦いただきたい。

Ⅱ節でみた「経営学の方法論的特質」からすると，企業にとって本来的には与件であり uncontrollable な経営諸環境（技術的，経済的，法的，社会的，文化的諸環境）に対し，経営者の直接的な指揮命令を発することはできないとしても，いかにうまく経営者の想定通りにもっていくか，換言すると managerial なものとするかを，経営者の主体性を基礎に分析することが，組織の対外的な側面を分析する際の経営学的な研究方法の基本視点となる筈である。なお，本稿における議論の中心は，ここでも前節Ⅲ−1でみた基本構造の認識（経済性と社会性の捉え方，その変遷と地域間比較）が枢要なポイントとなる。

1．情報技術革新への対応：1970−90年代

ITの発達に伴い，組織構造や労働内容がいかように変容するかが盛んに議論されたのは1980年代を中心に，古くは60年代後半から昨今では90年代に至るまでの長期にわたる。長らくの間，とりわけ1990年代に入るまでの間，欧米での議論の中心的論点は，技術が決まれば一義的に組織構造や労働内容も

決定される「技術決定論」が妥当するか，あるいは組織サイドにその選択可能性があり，社会的に技術の影響を統制可能であるとする「組織選択論」が妥当するか，という論点であった。80年代まではこの両説の二者択一的な議論が大半を占めていたといってよい。そして，「組織選択論」の立場でITの影響を論じようとする文献においては，組織の経済性は多少譲歩した上で，即ち，社会性を高める引き換えに経済的目標を少し低めに設定せざるを得ないという形で，議論が組み立てられることが常識であった。しかし，その後90年代に入り，技術は組織に影響を与えるが，社会（組織）サイドも影響を与えることが可能であるとするemergent perspective（創発的視座）に立脚する論者が増え，次第にこの視座が学界で主流として定着してくるにつれ，技術と組織は相互作用を与えながら発展していくという捉え方が常識的になり，学界の研究テーマとしても関心が薄れ，取り上げられることが少なくなった。

これに対し日本においては，（研究者レベルでは欧米文献を読み込み，当然に技術決定論か組織選択論か等の議論も紹介されていたが）経営実践においては，そもそも技術決定論か組織選択論かとする問題設定自体ナンセンスであり，寧ろ技術が組織へ影響を与え，組織は当然にその影響を踏まえ何らかの対策をとるというのが大方の常識的な発想法であった。ここにも，欧米式では経済性と社会性を一軸上のトレードオフとして捉えるが，日本ではその志向性が弱かった様相が窺えるであろう。

2．ワーク・ライフ・バランスへの対応：2000年以降

21世紀に入り，労働者の人権に世界的関心が高まる中，日本政府も国民の勤労観やライフスタイルの変化，過労や少子化問題等の課題に対応すべく，2007年の政労使間での合意を基に「仕事と生活の調和」憲章を成立させ，これを機に，いわゆるWLB推進へ向けた動きが我が国でも徐々に浸透しつつある。WLBの推進は，行政主導で進められつつあり，その意味において，企業にとっては社会的環境（与件）の変化として捕捉される。

WLBとは，働く個々人が仕事偏重になることなく，仕事生活と仕事外生活（家庭生活，地域社会生活など）との間の関係がうまく調和のとれた状態を指

し，国民生活全般の改善へ向けた社会的なキャッチフレーズである。現下のところ，日本企業では，WLB推進へ向けた社会的気運の高まりの下，「多様な働き方」を選択しうる人事制度改革や労働時間短縮へ向けた動きが進行しつつある。本稿の文脈で重要なポイントは，このWLB論における，仕事生活（ワーク）と仕事外生活（ライフ）の関係性の捉え方についてである。

日本ではWLBが大きく注目され議論されるようになったのは，2000年以降，せいぜいここ数年のことであるが，実は欧米諸国では，マクロ的労働の人間化やワークファミリーバランスなどの呼称のもと，1980年代から盛んに研究されてきており，日本は（オリジナルな調査研究が進められつつあるが）概ね欧米（特に欧の）「WLB先進国」の知見を後追いする形で，調査研究が進められている側面があることは否めない。そして欧米では，ワークとライフの関係を，ここでもトレードオフ関係とみる傾向が強いように思われる。つまり，ライフ（社会性）を充実させようとすれば，ワーク（経済性）は多少後退させざるを得ず，したがってその両者を天秤や振り子のようにバラン̇ス̇さ̇せ̇る̇こ̇と̇が，暗黙の了解となっている。そのためか，欧米の文献でWLBが議論される場合，多くは労働時間の短縮や勤務体制の柔軟性，休暇日数など，ワークの内容とは無関係の量的側面がWLB論の中心となっている。

我が国も，現段階では欧米の制度や事例紹介を中心とした後追いで研究が進みつつあるため，学界でもこうした量的側面の議論が（現時点では）中心である。しかし，論者の調査によると，日本企業でWLBを経営戦略としてうまく取り込み，成功裡に進めている企業は，労働時間や休暇日数等の量的次元よりも，むしろライフの充実をワークの質とを結びつけ，働く仕事内容の面白みに注目した企業であることが多い。我が国におけるWLBへの取組みは始められてまだ間もないため実証データは未だ蓄積途上であるが，日本ではワークとライフの「バランス」という概念規定よりも，双方の「統合」や「相互作用」，「シナジー」の方が実践的に普及しえるのかも知れない。WLB概念の基礎となるワークとライフの関係性それ自体の捕捉の仕方が，日本と欧米とでは異なっているのである。

V．社会科学としての経営学——むすびに代えて——

　以上，経営学がこれまで構築してきた世界について，経済性と社会性の2軸の関連性に焦点を当てながら概説してきた。最後に，本稿の副題でもある「社会科学としての経営学」という論点について論者の私見を述べ，むすびとしたい。Ⅲ・Ⅳでの検討からも窺える重要なポイントは，経営実践の側面においては，企業はその史的変遷の中で，経済性と社会性のはざまで揺れつつも——そしてこの両者の関係性の捕捉に地域差は残れども——，経済性志向に加え，何らかの形で社会性をも勘案し，取り込んだ上で経営する方向へと（欧米企業も）徐々に変化しつつあることである。この点は，企業観についての変化，いわゆる古典的企業像からCSRを重視した現代的企業像へという潮流とも符合する。

　しかし，こうした経営実践を照射すべき経営学研究において，この経済性と社会性の双方をバランスよく注視し，その全体像を両者の関係性のあり方から統合的に捉えようとする研究スタンスは，個々の研究レベルでいうと意外にもあまり多くみられない感がある。（コンテキストを勘案することなく）特定の経営実践に資するべく経済性向上の方途を探る研究か，あるいは逆に社会性を前面に据えた規範論的色彩の濃い研究か，この双方に分化しており，相互の研究者間の交流も多くない。現実の経営実践が，経済性と社会性の両立を模索し揺れつつも徐々に混交していく姿を，学術としての経営学は，現状では精確に照射しきれていない気がする。

　学派や研究者間の交流に関連して，一言付言しておこう。「奇妙なことに，経営学では国籍が問題となる」（経営学史学会編 2002, 2頁）状況下で，ドイツ，アメリカはもとよりイギリス，フランス，日本，ソビエト・ロシア等々，経営学は国名を前に冠して発展を遂げてきたが，管見では，その系譜相互間での研究の交錯は，これまでの経営学の展開過程において多くはなかったように思われる。さらに，同一「国籍」の経営学の系譜内部においても，分野ごとに細分化が進み，1つの分野においても複数のジャーナル（投稿誌）が存在し，それぞれの専門分野ごとのジャーナルの枠組みや思想に合致した研

究を多く誘発するメカニズムになっている感がある。こうした領域の専門化・細分化は学問の発展にはつきものであり，寧ろ不可避であるとさえいえる。しかし，たとえ細分化されたごく一部分の解明に過ぎない研究であったとしても，常に学問の全体構造を意識する研究スタンスが，とりわけ経営学のように研究対象とアプローチが多岐に亘る学問においては特に重要ではないかと論者は考える。なぜなら，学問の全体構造を意識しない研究は，結局のところ意味不明で，学問の立場からは論評不能な結末に陥りやすいからである。

　社会科学の一分科として経営学研究に従事するには，コンテキスト要因（歴史性と地域性）の制約に十分配慮しつつ，経営主体の意思や目的志向性と絡ませ，経営合理性（経済性・社会性）が貫徹する構造と過程を分析し，こうした分析が，経営学の全体構造のどの部分をいかように解明せんと企図する研究であるかを，研究者自身がまず明確に意識する姿勢が必要であろう。経営学の専門分化がますます進行しつつある中，経営学研究において全体構造を明らかにしようと意識する姿勢が，とりわけ若手研究者の間でともすれば希薄化しつつある現状に鑑みると，「社会科学としての経営学」は，ある種危機的な様相を呈しているといえまいか。危機を回避すべく，経営学界として経営学の学問性を問い，その全体構造と体系性に関する議論を深め，共通認識を探っていく必要があるであろう。

注
1）　本稿においては，「社会科学」という用語を，自然現象を対象とする自然科学と対比させ，社会現象を対象とした学問領域という原初的な意味において用いている。当該用語については，資本主義・社会主義等のいわゆる体制論の文脈において議論されることも多いが，本稿では必ずしもそうした意図は持ち合わせていないことをお断りしておきたい。

主要参考文献
Bratton, J. and Gold, J. (2003), *Human Resource Management: Theory and Practice,* 3rd edn. （上林憲雄ほか訳『人的資源管理――理論と実践――』文眞堂，2009年。）
Conger, J. A. and Kanugo, R. A. (1988), "The empowerment process," *Academy of Management Review,* Vol. 13, No. 3, pp. 471-482.
Trist, E. L. and Murray, H. eds (1993), *The Social Engagement of Social Science: A Tavistock Anthology, Vol. 2: The Socio-technical Perspective,* University of Pennsylvania Press.
Warner, M. ed. (2002), *International Encyclopedia of Business & Management,* 2nd edn, Thomson Learning.
岩出　博（2002），『戦略的人的資源管理論の実相』泉文堂。

上林憲雄（2001），『異文化の情報技術システム』千倉書房。
上林憲雄（2007），「経営学とはどんな学問か」上林憲雄ほか『経験から学ぶ経営学入門』有斐閣，補章。
上林憲雄（2008），「日本的経営とワーク・ライフ・バランス」『関西経協』62巻9号，2008年9月，4-10頁。
上林憲雄（2009），「人事労務管理から人的資源管理へ？」『JSHRM Insights』（日本人材マネジメント協会）50号，2009年4月，9-14頁。
経営学史学会編（2002），『経営学史事典』文眞堂。
三品和広（2004），『戦略不全の論理』東洋経済新報社。
宗像正幸（1989），『技術の理論』同文舘出版。
渡辺 峻（2009），『ワーク・ライフ・バランスの経営学』中央経済社。

3 現代経営学の思想的諸相
―― モダンとポストモダンの視点から ――

稲 村　　毅

Ⅰ．モダンとポストモダン

　社会科学にモダンとポストモダン，モダニズムとポストモダニズムといわれる対抗軸が形成され始めたのは，1960年代頃からであり，本格的には1980年代からである。ポストモダニズムという知的・思想的運動はもともと芸術，建築，文学などから始まったとされるが，たちまち哲学をはじめ社会科学のあらゆる分野に浸透してきたといってよい。経営学もその渦中に巻き込まれて，経営学の内容が現在見られるような複雑多様な展開を遂げるに至った主要源泉の１つとなってきたともいえる。とはいえ，この展開は必ずしも経営学からの自発的・内発的な運動というわけではなく，むしろとりわけ社会学などの隣接諸科学分野からの移入による部分が大きかった。社会学そのものが文化人類学，言語学，心理学などの諸分野の成果を採り入れながら発展してきたので，経営学も当然それら諸分野との関係も深めてきたわけである。学際性という点では，これは1950年代にあらゆる科学の動員による人間行動の研究をうたって台頭した「行動科学」の導入と同型であるが，その内実は全く異なる。行動科学はまさしくモダニズムそのものの最先端的形態に他ならなかった。いずれにせよ昨今，経営学の論文や書物として発表・出版されているものでも，社会学のそれらとほとんど区別のつき難いほどのものが数多く見かけられるようになっているが，それもこのような事情によっているといってよい。

　ところでモダンは，何よりも生活世界がモダンである状態としてモダニティである。モダニティはプレモダニティからの脱却・進化として，その淵源は

ルネサンス期にまで遡ることができるが，それに続く啓蒙思想時代，そして何よりも産業革命後の資本主義発展の産物であり結果である。それは商品・貨幣関係，産業化，分業，官僚制，合理性，効率・能率，科学技術，個人主義，市民社会，民主主義などによって特徴づけられる。伝統的・身分的社会制度の廃棄の上に，人々が自由で平等な人格として目的合理的に生活するところに，つまりは「世界の脱魔術化」と合理化に，モダニティのエッセンスがある。これらの特徴は，一面では人々に物質的・文化的な豊かさの享受をもたらしたが，反面では人々の間の疎外的・対立的・競争的・権力的諸関係と様々な負の社会・経済的諸問題を随伴したことはいうまでもない。モダニズムは，このモダニティを基礎づけ積極的に支援・促進する考え方・思想運動を指す。それは多様な側面を含んでいて多義的であるが，何よりも啓蒙時代から受け継がれた「理性への信仰」に基づく合理主義的思想として捉えられる。実証主義，機能主義，功利主義，自由主義（リベラリズム）など多くの形をとって現れた。1世紀前にテイラーが「科学的管理」によって，ファヨールが管理に関する「実証的教義」によって経営学の誕生を告げて以来，経営学はとりわけ実証主義と機能主義の道を追求してきた。もっとも途中で様々な形でその限界について反省と修正を迫られはしたが，そのことが実証主義と機能主義という基本思想そのものの放棄につながるような局面に直面することはなかった。ポストモダニズムはまさにこの状況への根本的挑戦であったがために，経営学は新たな態様での複雑多様化を余儀なくされることとなった。

II．ポストモダニズム思想の諸形態とその本質

ポストモダニズムは何よりも欧米で生まれた思想であるが，瞬たく間に日本その他の資本主義諸国にも広まった。第2次大戦後，順調な経済成長を続けていたアメリカが，1960年前後から70年代にかけて大きな転機を迎える。一方ではインフレ不況，ドル危機，石油危機に見舞われるとともに，資源問題・環境問題が表面化した。他方では公民権運動や学生運動，大学紛争，フェミニズム運動，消費者運動，ベトナム反戦運動などが続発した。ヨーロッパ

でも，大学民主化，ベトナム反戦，「プラハの春」抗議などの学生運動・市民運動が高揚し，68年「5月革命」でピークを迎えた。日本でもこの時期，同様の状況を呈したことは周知のことである。こうした社会経済の不安定性，不透明性，不確定性の急激な顕在化が，思想界や言論界の一部に様々な意識変化を引き起こす契機を提供した。それは1980年代以降における産業再編，IT 革命，サービス経済化，ソ連・東欧社会主義体制崩壊，グローバリゼーションなどと結びついた本格的社会変動への前段階ではあったが，モダニズム批判を名乗るポストモダニズムの形成に大きな影響を与えたことは否定できない。

ところで，ポストモダニズムの思想動向が現れるのとほぼ同じ頃にそれと並行するかのように，モダニズムの側にも一定の変化が生じていたことに注目しておきたい。

1つには，モダニズムの側で社会の変動にいち早く敏感な反応を見せたのが，モダニズムのチャンピオンともいうべき Drucker であった。彼は1957年時点で，過去20年の間にいつのまにか「近代」（Modern Age）を抜け出して新しい時代に突入したと述べて，これをはっきりと「ポストモダン世界」と呼んでいる（Drucker 1957, pp. iv. 268. 邦訳書，3，312頁）。デカルト的な実証主義的世界観が通用しなくなり，一般システム理論，意味論，言語学，数学的情報理論などを採り入れて，「過程」という変化や発展を重視する新しい世界観の重要性を説いている。ポストモダニズム思想と共通する言説に満ちていて，ポストモダニズム論の先駆といっても過言でない。Bell の「ポスト産業社会」論（Bell 1973）に先立つものであったことも注目される。しかしながら，ドラッカーがその後ポストモダニストとしての道を歩んだとは見なし得ない。変化と危険に満ちたポストモダン社会の乱流をいかに乗り切るかの合理的手法を経営者や従業員に説き明かすところに彼の一貫した理論的・思想的な真骨頂があったと考えられる限りにおいて，モダニズムそのもののライン上にとどまっていたからである。

2つには，限定合理性論の登場である。Simon は経済学における経済人概念を人間の認知能力の限界という視点から批判することによって，目的合理性の主観性・相対性を指摘し重視した。その意味で1つのモダニズム批判ではあったが，もとよりそれはポストモダニズムにつながるものではなかった。

組織は合理性拡大のための社会的道具と見なされ，組織影響力を通じて合理性の限界をいかに縮減・克服するかという主題を追求することによって，折から台頭しつつあった行動科学的な組織行動分析の先頭を走ることとなった。

3つには，コンティンジェンシー理論の台頭である。これもまた，テイラー以来の古典的管理論・組織論における「唯一最善の方法」追求に異論を唱えることによって，モダニズム内部におけるモダニズム批判となった。組織が置かれた状況によって組織の構造も管理のあり方も異なることにこそより大きな合理性があるという観点から，機能主義的理論の相対性を明らかにし，この相対性を組織管理に生かそうとしたのである。

ポストモダニズムは，単なるモダニズム内モダニズム批判を超えた性格を有する思想を指す。端的には合理主義，実証主義，機能主義などモダニズムが体現していた諸前提への根本的な挑戦である。しかし必ずしも一義的ではなく，ポストモダニスト内部に統一的見解があるわけでもない。ポストモダニストとされる論者の範囲についても，いわゆるポスト構造主義者に限って考える者もいるが，より広く解釈学的論者を含めるのが一般的である。図1でいえば，「シンボリック―解釈的」と「ポストモダン」の両方にまたがる範囲となる（そこでのclassicalはclassical modernとしてmodernに属する）。Burrell and Morganによる周知の分類（図2）でいえば，ポストモダニズムは「解釈主義」に限定されることになり，ポスト構造主義は視野に入れられていない。「ラディカル構造主義」はマルクス主義とその亜流諸派として基本的にモダニズムであり，「ラディカル人間主義」は批判的モダニズムたるマルクス主義や実存主義やフランクフルト学派の批判理論などのごた混ぜとなっている。

Burrell and Morganによると，レギュレーションの側でもラディカルチェンジの側でも，1960年代後半から問題関心の焦点を客観から主観へと移したと指摘されている。「客観的―主観的」次元は客観から主権へという方向でモダンからポストモダンへの移行と重なる。換言すれば，諸理論のモダンからポストモダンへの移行はすなわち機能主義から解釈主義への移行であり，認識論的には客観主義から主観主義への移行だったのである。

この場合，客観主義・主観主義とは何かが問題である。Burrell and Morgan

40　第Ⅱ部　経営学の思想と方向

図1　Sources of Inspiration to Organization Theory

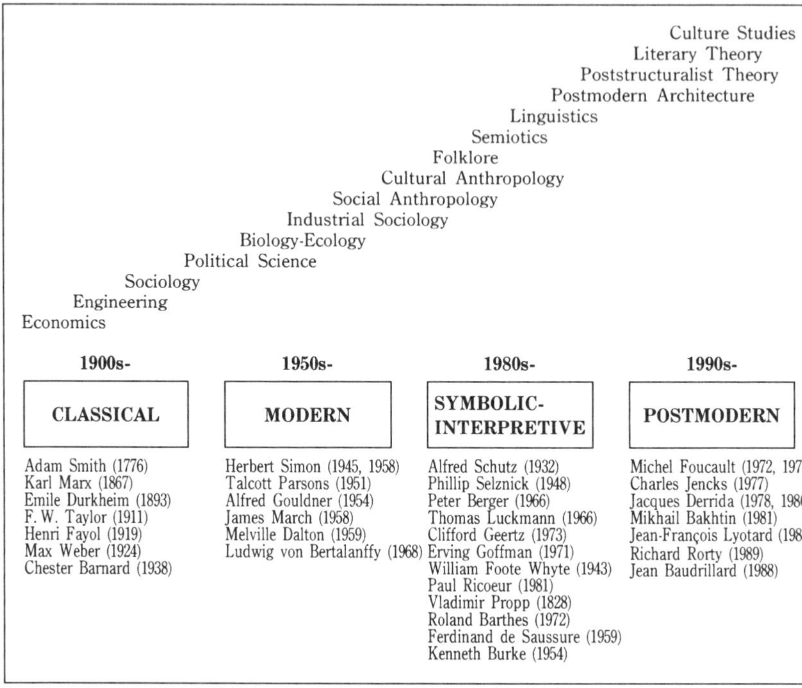

```
                                                    Culture Studies
                                                    Literary Theory
                                                    Poststructuralist Theory
                                                    Postmodern Architecture
                                        Linguistics
                                        Semiotics
                                        Folklore
                                Cultural Anthropology
                                Social Anthropology
                                Industrial Sociology
                        Biology-Ecology
                        Political Science
                Sociology
        Engineering
Economics
```

1900s-	1950s-	1980s-	1990s-
CLASSICAL	MODERN	SYMBOLIC-INTERPRETIVE	POSTMODERN
Adam Smith (1776) Karl Marx (1867) Emile Durkheim (1893) F. W. Taylor (1911) Henri Fayol (1919) Max Weber (1924) Chester Barnard (1938)	Herbert Simon (1945, 1958) Talcott Parsons (1951) Alfred Gouldner (1954) James March (1958) Melville Dalton (1959) Ludwig von Bertalanffy (1968)	Alfred Schutz (1932) Phillip Selznick (1948) Peter Berger (1966) Thomas Luckmann (1966) Clifford Geertz (1973) Erving Goffman (1971) William Foote Whyte (1943) Paul Ricoeur (1981) Vladimir Propp (1828) Roland Barthes (1972) Ferdinand de Saussure (1959) Kenneth Burke (1954)	Michel Foucault (1972, 1973) Charles Jencks (1977) Jacques Derrida (1978, 1980) Mikhail Bakhtin (1981) Jean-François Lyotard (1984) Richard Rorty (1989) Jean Baudrillard (1988)

（出所）　Hatch (1997), p. 5.

図2　4つの社会学パラダイム

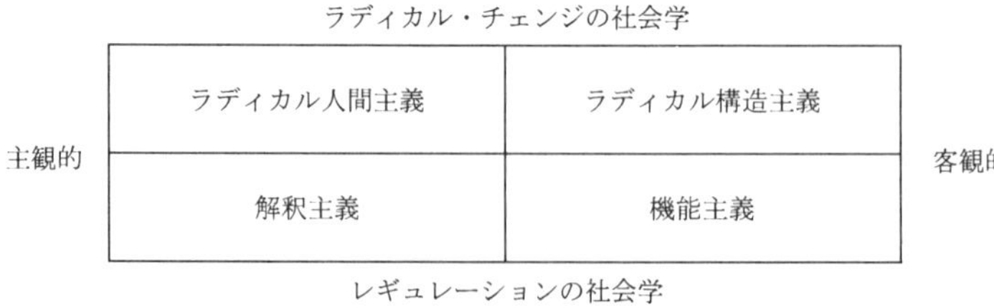

ラディカル・チェンジの社会学

	ラディカル人間主義	ラディカル構造主義	
主観的			客観的
	解釈主義	機能主義	

レギュレーションの社会学

（出所）　Burrell and Morgan (1979), p. 29.（邦訳書，28頁。）

はそれらを存在論における実在論と唯名論，認識論における実証主義と反実証主義，人間性における決定論と主意主義，方法論における法則定立的と個性記述的の諸対照において説明している。このような哲学的な対照においては，物質（事物・現象・現実）が人間意識の外に人間意識から独立に存在することを認めるか否か，物質の先在性・外在性を認めるか否かという点に，

いうところの客観主義と主観主義との本質的・決定的区別がある。前者は人間の認識を客観的存在としての外界の人間意識への反映として捉えるものとして唯物論となり，後者は外界を人間意識に媒介されて初めて存在するものとして捉え，認識を意識の自己展開として理解するものとして観念論となる。経営学文献では唯物論や観念論という言葉をことさらに避けたり，唯物論があたかも物質的欲望優先主義を指すかのように全くの俗流的誤用において使われる例があまりにも多い。それによって，諸理論の思想的・哲学的本質が不明瞭化される傾向が生み出されていることは否定できない。その点 Burrell and Morgan は上の説明では登場しない唯物論・観念論という言葉を，「解釈主義」や「ラディカル構造主義」の詳論の中ではほぼ正確に用いている。

　モダニズムからポストモダニズムへの移行を「客観的－主観的」の次元上で捉えると，例えばテイラーやファヨールにしろ，メイヨーやバーナードにしろ，モダニズムを代表する機能主義者たちは等しく唯物論の陣営に属していたのかという疑問が生じるかもしれない。これは，そうではなく，これらの論者が組織や管理を実証主義的精神において理解し分析する限りでは，自らの意識とは無関係に客観主義的・唯物論的立場に立たざるを得なかったということを意味するだけである。機能主義者が自らは唯物論に反対する立場を自認・自覚しているとしても，機能主義者として科学的認識を追求する限り，必然的に多かれ少なかれ唯物論的見地から自由であることはできないということである。いまや，このような曖昧さを余すところなく払拭して，主観主義的・観念論的立場に自らを純化する姿勢において科学の立場を主張するものとして現れたのが，社会科学におけるポストモダニズムに他ならない。したがってポストモダニズムの研究は，現代における観念論の諸形態の解明に他ならないこととなる。

1．パラダイム論

　Kuhn (1970) のパラダイム概念は，自然科学における科学革命のメカニズムを説明するために提唱されたものであったが，社会科学諸分野でも盛んに使われるようになった（上記 Burrell and Morgan もその例に漏れない）。提唱者本人がその使用断念を宣言し，disciplinary matrix とか exemplar と

言い換えてみたりしたにもかかわらず，特に社会科学諸分野での使用が絶えない。これには2つの理由があるように思われる。1つには，何か重要な意味を持つと主張したい考え方や理論をパラダイムという言葉で飾ることによって，その重要性や斬新性を強調的に印象づける効果が得られる。特定個人の理論や自らの発表理論に「新パラダイムの提唱」と銘打つようなことが平気で行われるのは，これである。これは，パラダイムになりうる可能性を希望的ないし先取り的に僭称しているだけで，実際的には perspective ないし approach と同じ意味しか持たない。「パズル解きとしての通常科学」内部の問題を，通常科学に従事する一定の科学者集団の思考前提となるパラダイムと混同しているのである。2つには，パラダイム概念から必然的に引き出される一定の意味がまさにポストモダニズムの思想に一致することである。それは真理の主観性と相対性である。パラダイムは通常科学のパズル解き全体を支配するが，それはパラダイムが客観的真理であるがゆえではない。パラダイムは，真理の検証・実証には無関心である。ただ通常科学内の科学者集団による承認・支持・信奉のみを頼りにする。たとえ天動説から地動説への革命的転回にしてもしかりである。真理の客観性・絶対性に根本的懐疑の目を向けるポストモダニズムの思想そのものに通じているのである。

2．意思決定のゴミ箱モデル

ゴミ箱モデル（March and Olsen 1976 ; March 1988）は，機能主義の合理的・実証的立場へのアンチテーゼの提唱として，ポストモダニズムの思想を端的に表現している。従来の合理的モデルの基礎にあった目的先在性，目的整合性，目的合理性という諸前提はことごとく否定される。理性の論理・理性の技術から愚の論理・愚の技術への脱却を唱える。理性よりも遊び，明瞭よりも曖昧，合理性よりも非合理性に焦点を合わせることが強調される。組織は選択機会，問題，解，参加者が投げ込まれるゴミ箱として観念されて，ゴミ箱内部でこれら4要因がどのように結合するかは単なる偶然の問題と見なされる。合理的モデルが追求した予測や計算に基づく決定は多くの事例の1つに過ぎず，重要なのは必然性ではなく偶然性である。偶然と必然の弁証法的統一の視点を決定的に欠いた非合理主義の立場である。

3．進化論的組織化モデル

　Weick（1979a）においても，目的先在性は組織概念の基礎とはならない。協働は共通目的から始まるのではなく目的を異にする各人における手段としての行為の交換において成立する。共通目的から協働へではなく共通手段から協働へである。目的よりも行為の先在であり，行為の意味や目的は回顧的・結果的なものと見なされる。この立場からすると，組織は人々の間の連結行動からなる過程として現れる。組織はあくまでも組織化という過程であって構造ではない。この組織化論で最も特徴的なのが，この過程における環境創造ないし創造環境の概念である。組織の客観的環境というものは否定される。組織に何らかの変異が生ずれば，組織は人々の行為交換，連結行動を通じて環境を創造（enact）する。この創造は，例えば市場開拓・海外進出・企業合併というような客観的環境創造そのものを指すのではなく，そうしたものを含めてあらゆる企業行動に付随する主観的・心理的意識を問題にしているのである。創造された環境は人々の頭の中にのみ存在して多義的状態のものである。この環境の中で組織は多義性を縮減する選択（淘汰）によって意味形成（sensemaking）を行い，自らの環境を確定するとともに，形成された意味の保持に入る。保持された意味は，以後の組織行動を指導するスキーマとなる。こうして創造された環境に制約されながら変異・創造・選択・保持の進化的過程を反復するところに組織化過程としての組織があるというわけである。「進化」といっても，自然選択による生物進化論のように何らかの実体的・具体的な形態変化・機能変化の解明を目指すわけではなく，ひたすら主観的意識の主観主義的意味解釈という抽象論の中に埋没するのみで，具体的な行動論とも行動指針論とも無縁である（この点，同じく進化論的アナロジーを採る「組織個体群エコロジー」（Hannan and Freeman 1989）は客観的環境と組織の適合関係に実証的視点でアプローチしているので，対照的である）。基底にあるのは，March の場合も同じなのだが，一切の常識的既成概念に対する判断停止（エポケー）を求める現象学であり，実在における法則追求に代えて観念における意味解釈に専念する解釈学の思想である。「組織とは，思考する思考者によって思考された思想体である」（Weick 1979b, p. 42）という組織定義ほど，解釈学的見地からする組織論の観念論的本質を表わす命題

はないであろう。

4．組織シンボリズムと社会的構成主義

人類学や社会学が古くから行ってきた文化の研究についても，解釈主義が浸透して組織シンボリズムという潮流を生み出している。文化を言語や記号というシンボルの体系として理解することは従来からなされてきたが，そこではシンボルが社会や組織で果たす秩序形成的機能の解明に焦点が置かれていた。ひところ盛行した組織文化の確立・変革，CIの確立，シンボリック・マネジャーなどの議論は，そうした機能主義的視点からの組織文化論であった。解釈主義は，シンボルの機能からその意味に焦点を移す。組織成員は様々なシンボルに各人各様の主観的解釈を加えて主観的意味を構成するが，それだけでは組織文化は生まれない。人々が相互作用とコミュニケーションを通じて一定の意味を共有するようになって初めて組織文化やその下位文化が生まれる。組織シンボリズムは，これを間主観性に基づく社会的な意味構成として捉え，組織の現実は「社会的に構成された現実」であり，社会的意味構成における主観的現実以外の客観的現実というものを認めない（Berger and Luckmann 1966; Geertz 1973）。Weick の創造された環境の見地と同一である。こうした主観的現実は，間主観性に加わる人数がいくら多かろうと，客観的現実に転ずることはないのであり，あくまでも主観的で観念的なものにとどまるものである。主観の世界を解釈主義的に限なく探究するとして——その際にはシンボルとしての言語の分析，言語を通じた日常生活世界の分析が特に重視されるのだが——，例えばリストラ失業や昇格昇給，組織再編や経営者交替，企業買収や海外進出はいずれも主観を超えた現実であり，意味形成の対象となる客観的現実そのものなのではないか。もしもこれらに対する意味形成の世界のみが組織における現実であるというのであれば，はたしてこの堂々めぐりの中で，いかにして組織における客観的現実を否定することができようか。

5．複雑性論——自己組織性とオートポイエーシス——

本来思想とは無関係なはずだった自然科学理論が，結局ポストモダニズム

の観念論的見地を側面から援護する道を開くことになったのが複雑性論である。複雑性は，従来の古典力学では説明できないような自然現象（物理化学現象）の複雑な性質を指す言葉であり，それ以上の意味も定義もない。自然界では，孤立系が平衡状態から非平衡状態に移ってある程度進むと，周りの平均状態からの熱力学的分岐として「揺らぎ」という微小運動が生じる。非平衡がさらに十分進むと，ある時点で微小運動が巨視運動に成長してさまざまな模様の形をとった物理化学的な秩序が形成される。この自生的秩序形成としての自己秩序化がすなわち自己組織化であり自己組織性である。自己組織性は必ず一定の揺らぎを経過した後に生じるので，「揺らぎに媒介された秩序」である。この自己秩序化の複雑なメカニズムを物理化学的に解明したのがPrigogine（Nicolis and Prigogine 1977, 1989）であり，その功績でノーベル化学賞を受賞（1977年）したのであった。1980年代から揺らぎ，カオス，無秩序，不安定性などからの秩序の形成，とりわけ秩序の予期せざる創発性ということが自己組織性論との関連で経営学をはじめ社会科学分野で盛んに論じられるようになった背景には，この散逸構造論に由来する影響が大きく作用していたと見てよい。自然界のあらゆる分野で広く見られる物理化学現象としての自己組織性を，社会現象としての組織や経済に適用して自己組織性や複雑性の科学を論じるということはどういう意味を持つか。当然ながら，アナロジーとしての適用を超えることはできないことはいうまでもない。とりわけマネジメントという人為的活動なしに秩序形成も秩序維持も不可能な企業という具体的組織を考えてみれば，自己組織性を促進するマネジメントという自己矛盾に満ちた自己組織性論を超えることは不可能であろう。それならば，例えばモチベーション論やリーダーシップ論あるいは意思決定論や経営戦略論などの守備範囲の中に包含されている問題であって，自己組織性というある意味神秘的な概念にことさら頼る必要などあるだろうか。少なくとも，アナロジーによる理解補助的利益以上のものを経営学は自己組織性論に求めることはできないと認識すべきである。

　その問題とは別に，自己組織性論が社会科学に及ぼした影響は，科学方法論上の問題にあった。散逸構造論は，世界が可逆的現象と不可逆的現象，線形的現象と非線形的現象，決定論的現象と確率論的現象の両方からなる多元

的世界であることを，自然科学の立場から改めて明瞭化した。機械論的・還元主義的世界観からの決別の必要性を決定的に示した。社会科学にとってもこのことが持つ意味の重要性はいうまでもない。しかし他面では，そのことからこれら２項対立のうちの後者の諸項に特化して，不可逆的・非線形的・確率論的な世界観こそが科学のとるべき道であるかのような一面的偏向の言説が経営学を含めて広く生み出されることにもなった。そこにいわゆるパラダイム転換があるかのような幻想が振りまかれた。ポストモダニズムへの側面的援護というのは，そのことである。しかし，世界はあくまでも上記両側面の統一としてあるのであって，それらの弁証法的統一の解明こそが科学の進むべき道であることは，はるか１世紀以上も前に唱えられていた（エンゲルス）ことであることを指摘しておかねばならない（稲村 1999参照）。

　オートポイエーシス論は，有機体の本質を諸要素の静的・実体的構造に還元するのではなくて，それらの間の動的・過程的な相互作用関係・相互規定関係において把握する点で，弁証法的見地を特徴としている。しかし問題は，生命システムの自己産出的かつ自己言及的な自律性・閉鎖性を説く際に，対象自身の「第１次記述」と観察者による「第２次記述」なるものをそれぞれ独立した自己産出的・自己言及的相互作用域として区別し切断していることである。対象観察から解明された相互作用そのもの（第１次記述）が何らかの言語・言説によって記述（第２次記述）された場合に，前者と後者は別個のものだというのである。前者は自然の営みそのものであり，自己言及的な自己産出過程そのものであるが，これを言語を用いて記述したものは第１次記述そのものではないから別物だというのでは，永久に対象の真実に近づくことはできないであろう。第２次記述が第１次記述をどれだけ正確に反映しているかだけが問題であって，両者の間を壁で仕切るのは不可知論以外の何物でもない。この問題は解釈主義的組織シンボリズムでも登場するが，解釈主義的言語分析の悪しき例というほかない。要するに，散逸構造論が物理化学的秩序という客観的に存在する自己組織性現象を対象として実証主義的に立論しているのに対して，オートポイエーシス論は生物学的現象としての生命秩序を自己組織性現象として解釈するという特質を持っている。後者は非実証主義的・解釈主義的立論において，ポストモダニズムそのものを体現し

ている。

III. 経営学にとってのポストモダニズム思想の意味

　以上,経営学の最新動向に関連の深いポストモダニズム思想の若干形態を思いつくままに取り上げてその特徴点を検討した。ポストモダニズムの思想的特質の基本点はほぼ明らかになったであろう。それを踏まえつつ,経営学とかかる思想との関係について考えるところを,若干点にまとめて述べておきたい。

　第1に,経営学の流れをモダンとポストモダンの対抗軸で捉える本稿での視角は,現代経営学に含まれている複雑多様な思想状況を概観する上で避けて通れない実態があるという理由によるもので,それ以上のものではない。1960年代に台頭し80年代にブームを迎えたといわれるポストモダニズムの思想は,現今でも根強い影響を経営学に及ぼしている。その主張は,従来の経営学が基本的に依拠してきた方法論的基礎に真っ向から挑戦し否定する思想であったがために,結果として,経営学の中に上の対抗軸が明瞭に生まれたまでであって,我々が意図的に作り上げた対抗軸ではない。その対抗関係の根本は「理性への信仰」(belief in reason) 対「理性への不信」(distrust in reason) にあり,それが実証主義対解釈主義,合理主義対非合理主義などの対抗となって現れているのである。「理性への不信」を基底に置く思想を批判することは,必然的に「理性への信仰」を擁護することを意味するが,しかしそれは「理性への信仰」に基づく理論なら全面的に正当化されるということを意味しない。モダニズムの基本線で発展してきた経営学が抱える積極面と消極面との批判的解明の課題は,依然として我々に課されている。

　第2に,ポストモダニズムは,1960年代以降に現れた一定の顕著な社会経済的変動という客観的状況を契機として形成されたことは事実であるが,この事実からポストモダニズムがポストモダニティという客観的な根拠の上に必然的に成立する思想形態であるかのように見なす考え方には,疑いの目を向ける必要がある。これには2つの側面がある。

　一方では,ポストモダンなるものが本当にポストモダン(モダン「後」の

「脱」モダン)なのかどうかという問題がある。ポスト産業社会,ポストフォーディズム,脱組織資本主義,知識社会,情報化社会,サービス経済社会,消費者中心社会,ポスト資本主義社会など,ポストモダンとされる社会は様々に言い表わされてきた。いずれも科学技術の発展を基礎に現れた産業構造・経済構造の変化や生産と消費の関係構造の変化などを反映している。しかし,これらの要因はいずれもモダンとしての資本主義社会内部の産物であり,絶えざる過程として継続的に発生し継続的に作用してきた諸要因である。その作用がいかに強かろうと,それらの要因のゆえに資本主義社会が資本主義社会でなくなったとかなくなりつつあるという事実は全く観察されない。新しい諸要因の重要な意味を見逃さないようにしなければならないということと,それを過大評価し誇張するということとは別問題でなければならない(Callinicos 1989参照)。

　他方では,ポストモダンとされる社会状況と「理性への不信」との間には,短絡的飛躍がある。ポストモダニズムは「ポストモダン社会」に現れた負の諸現象(社会生活の行き詰まり,停滞,混乱,不安定,不透明など)を科学技術の限界や物質文明の行き詰まりなどと解して,「理性への信仰」からの転換・脱却を唱えるのであるが,ポストモダン社会の上記諸規定のどれを取ってみても,社会現象への理性的精神による科学的接近の必要性を後退・減少させたり消滅させたりするような要素はどこにもない。全く逆である。理性への「過信」への戒めと,それへのニヒリスティックな「不信」とは別問題でなければならない。

　最後に第3として,ポストモダニズム思想を採り入れた経営学の諸動向の発展が,社会科学としての経営学にもたらす変質の問題を見逃すことはできない。経営学は経験科学としての社会科学の一分科として生成・発展してきたのであるが,客観主義に代えて主観主義,実証主義に代えて解釈主義に依拠するポストモダニズムは,果たして理論を科学としての性格において展開することができるであろうか。経験科学は経験対象に対して経験的に検証し得る規則性・法則を求めて実証主義的に接近するところに成立する。自然科学も社会科学もこの点において異なるところはない。現象学や解釈学に依拠することによって,研究対象を客観的実在たる経験対象として認識すること

を拒否して，主観的構成物たる意味世界に研究対象を求めるポストモダニズムは，もはや経験科学の世界から自らを遠ざけて形而上学の世界に没入しているといわざるを得ない（解釈なしの科学はないが，解釈主義とは単に解釈を重要視するというだけの立場ではないことに注意）。経営学はテイラーやファヨール以来，ひたすら科学としての道を追求してきたと考えるならば，ポストモダニズムによってその想定は根底的に裏切られようとしていることを知らねばならない。あるいは経営学は科学と同時に何らかの人間的価値をも求める道を追求してきたと考えたとしても（三戸 2002），ポストモダニズムは客観的真理や法則の追求も解放や福祉という人間的価値の追求もともに「壮大な理論（誇大理論）」「大きな物語」(grand theory, grand narrative) として拒否する思想を内包していることからして（Lyotard 1979, 1986），この想定もまた前途を全面的に閉ざされようとしていることは明らかである。こうした意味で，ポストモダニズム思想は結局のところ経営学を科学から形而上学に堕する道を用意するものであること，これへの警鐘が本稿における最終的な含意である。

参考文献

Bell, D. (1973), *The Coming of Post-industrial Society,* Basic Books, N.Y. (内田忠夫他訳『脱工業社会の到来』上・下，ダイヤモンド社，1975年。)

Berger, P. and Luckmann, T. (1967), *The Social Construction of Reality,* Anchor Books, N.Y. (山口節郎訳『日常世界の構成』新曜社，1977年。)

Burrell, G. and Morgan, G. (1979), *Sociological Paradigms and Organizationsal Analysis : Elements of the Sociology of Corporate Life,* Heinemann, London. (鎌田伸一・金井一頼・野中郁次郎訳『組織理論のパラダイム―機能主義の分析枠組―』千倉書房，1986年。原書の前半部のみの邦訳。)

Callinicos, A. (1989), *Against Postmodernism : A Marxist Critique,* Polity Press, UK.

Cooper, R. and Burrell, G. (1988), "Modernism, Postmodernism and Organizational Analysis: An Introduction," *Organization Studies,* 9/1.

Drucker, P. F. (1957), *Landmarks of Tomorrow,* Transaction, N.Y. (経営研究会訳『変貌する産業社会』ダイヤモンド社，1959年。)

Geertz, C. (1973), *The Interpretation of Culture,* Basic Books, N.Y. (吉田禎吾・中牧弘允・柳川啓一訳『文化の解釈学』Ⅰ・Ⅱ，岩波書店，1987年。)

Hannan, M. T. and Freeman, J. (1989), *Organizational Ecology,* Harvard University Press, Cambridge.

Hatch, M. J. (1997), *Organization Theory: Modern, Symbolic, and Postmodern Perspectives,* Oxford University Press, N.Y.

Kuhn, T. S. (1970), *The Structure of Scientific Revolutions,* 2nd ed., University of Chicago Press. (中山　茂訳『科学革命の構造』みすず書房，1971年。)

Lyotard, J.-F. (1979), *La Condition postmoderne: rapport sur le savoir,* Paris, Minuit. (小林康夫訳『ポスト・モダンの条件―知・社会・言語ゲーム―』水声社, 1986年。)
Lyotard, J.-F. (1986), *Le Postmoderne expliqué aux enfants,* Paris, Galilée. (管啓次郎訳『こどもたちに語るポストモダン』筑摩書房, 1998年。)
March, J. G. and Olsen, J. F. (1976), *Ambiguity and Choice in Organizations,* Universitetsforlaget, Bergen. (遠田雄志・アリソン・ユング訳『組織におけるあいまいさと決定』有斐閣, 1986年。)
March, J. G. (1988), *Decisions and Organizations,* Basil Blackwell, U.K. (土屋守章・遠田雄志訳『あいまいマネジメント』日刊工業新聞社, 1992年。)
Maturana, H. R. and Varela, F. J. (1980), *Autopoiesis and Cognition: The Realization of the Living,* D. Reidel Publishing Co., Holland. (河本和夫訳『オートポイエーシス―生命システムとは何か―』国文社, 1991年。)
Nicolis, G. and Prigogine, I. (1977), *Self-Organization in Nonequilibrium Systems: From Dissipative Structure to Order through Fluctuations,* John Wiley & Sons, N.Y. (小畠陽之助・相沢洋二郎訳『散逸構造―自己秩序形成の物理学的基礎―』岩波書店, 1980年。)
Nicolis, G. and Prigogine, I. (1989), *Exploring Complexity: An Introduction,* Freeman & Co., N.Y. (安孫子誠也・北原和夫訳『複雑性の探究』みすず書房, 1993年。)
Ulrich, H. and Probst, G. J. B., eds. (1984), *Self-Organization and Management of Social Systems: Insights, Promises, and Questions,* Splinger-Verlag, US. (徳安 彰訳『自己組織化とマネジメント』東海大学出版会, 1992年。)
Weick, K. E. (1979a), *The Social Psychology of Organizing,* 2nd ed., McGraw-Hill, N.Y. (遠田雄志訳『組織化の社会心理学』文眞堂, 1997年。)
Weick, K. E. (1979b), "Cognitive Processes in Organizations," in Staw, B. M. (ed.), *Research in Organizational Behavior,* Vol. 1, JAI Press.
Weick, K. E. (2001), *Making Sense of the Organization,* Blackwell, Oxford.
稲垣保弘 (2002), 『組織の解釈学』白桃書房。
稲村 毅 (1999), 「自己組織性論の認識論的特質―散逸構造論とオートポイエシス論を巡って―」『神戸学院経済学論集』第30巻第3・4号, 45-67頁。
今田高俊 (2005), 『自己組織性と社会』東京大学出版会。
岩内亮一・高橋正泰・村田 潔・青木克生 (2005), 『ポストモダン組織論』同文舘出版。
海老澤栄一 (1992), 『組織進化論―行動・過程・創造―』白桃書房。
遠田雄志 (1990), 『あいまい経営学』日刊工業新聞社。
遠田雄志 (1998), 『グッバイ！ ミスター・マネジメント―ゴミ箱理論, ワイク理論のすすめ―』文眞堂。
遠田雄志編著 (2001), 『ポストモダンの経営学』文眞堂。
大月博司・藤田 誠・奥村哲史 (2001), 『組織のイメージと理論』創成社。
加護野忠男 (1988), 『組織認識論―企業における創造と革新の研究―』千倉書房。
唐沢昌敬 (1999), 『カオスの時代のマネジメント』同文舘出版。
坂下昭宣 (2002), 『組織シンボリズム論―論点と方法―』白桃書房。
高橋正泰 (1998), 『組織シンボリズム―メタファーの組織論―』同文舘出版。
長谷川光圀 (2009), 『組織進化論―自己組織化と事例研究―』創成社。
牧野丹奈子 (2002), 『経営の自己組織化論―「装置」と「行為空間」―』日本評論社。
三戸 公 (2002), 『管理とは何か―テイラー, フォレット, バーナード, ドラッカーを超えて―』文眞堂。
涌田宏昭編著 (1999), 『複雑系の経営学―創造と崩壊から生まれる経営―』税務経理協会。

4　科学と哲学の綜合学としての経営学

菊　澤　研　宗

Ⅰ．はじめに

　2011年3月11日，われわれは未曽有の地震，津波，原発事故を同時に経験した。特に，絶対安全といわれた福島原子力発電所は津波によって破壊され，多量の放射能をまき散らした。東京電力や関係者たちは，これを「想定外」と述べた。
　しかし，多くの人々が，東電ははじめから完全安全性をめざしていなかったのではないか，ある程度の安全性で満足していたのではないか，と疑っている。しかし，もしそうだとしても，経営学者はこのような東電の行動を責めることはできるのだろうか。
　実は，経営学者も，コンサルタントも，経済学者も，専門的観点からすれば，多少，安全性を緩めても，経済効率性を追求すべだと東電に助言せざるを得なかったのではないか。それゆえ，経営学者は，経営学的観点からすると，完全安全性を追求しない方が合理的な行動だという「学問の不条理」に陥るのではないか。
　このような「学問の不条理」を避けるために，21世紀の経営学はどうあるべきか。21世紀の経営学は科学としての経営学だけではなく，哲学としての経営学も同時に追求する綜合学であるべきだというのが，私の考えである。
　以下，このことを説明するために，(1) まず，科学としての経営学とは何かを説明する。(2) 次に，科学としての経営学だけを追求すると，「学問の不条理」に陥ることを説明する。(3) 最後にこの「学問の不条理」を回避するには，経営学は科学とともに哲学をも補完的に研究する綜合学を目指す必要があることを説明する。

Ⅱ. 経験科学の境界設定基準

1. 科学哲学

1970年代は，学問の反省の時代であった。社会科学における各学問分野で，自分たちの学問が果たして科学なのかどうかをめぐって盛んに議論が行われた。経済学は科学なのか。経営学は科学なのか。会計学は科学なのか。あるいは，マーケティングは科学なのか。真剣にかつ激しい議論が展開された。

このような議論が展開される中，そもそも「科学」とは何かという問題が議論となった。そして，この答えを求めて多くの研究者は，科学哲学という哲学分野に足を踏み入れた。当時，すでにいくつかの科学観が展開されたが，その中でもっとも論理整合的な議論は，伝統的な論理実証主義の科学哲学を批判して登場してきたカール・R・ポパー（K. R. Popper）の批判的合理主義の科学哲学であった。

ポパーの科学方法論は，これまで科学的方法としてみなされてきた論理実証主義の「帰納法」と「実証的方法」を批判し，その代わりに「演繹法」と「批判的方法」を基礎として展開される。そして，「実証可能性」ではなく，「反証可能性」が科学の境界設定基準だとし，この反証可能性の度合が理論の説明力と理論の「経験的内容」の大きさを決定することになる。このポパーの科学方法論について，以下，簡単に要約してみたい。

2. 科学の境界設定基準

(1) 反帰納主義：まず，帰納法とは多くの観察から一般理論を導きだす方法である。しかし，観察をどれだけ多くしてもその数は有限であり，そこから無限の内容をもつ普遍言明は論理的に導出されない。例えば，100羽の有限の黒いカラスを観察しても，そこから「すべてのカラスは黒い」という普遍言明は論理的に導出されないのだ。常に，101羽目のカラスは白いかもしれないという論理的可能性は残るからである。それゆえ，観察から普遍言明を導出するためには「論理の飛躍」が必要となり，この意味で帰納法は真なる論理とはいえないわけである。さらに，観察から出発して理論へという帰納的

方向すらない。というのも，どんな観察も何らかの観点や理論のもとに選択されるのであって，観点や理論なくして同じ実験や観察を繰り返すことはできないからである。

(2) 反実証主義：また，「すべてのカラスは黒い」という単純な普遍言明ですら，完全に真として経験的に実証することはできない。というのも，普遍言明からは無数の予測言明が導出されるので，普遍言明を真として実証するためには，これら無数の言明すべてを検証しなければならないからである。したがって，実証的方法もまた科学的方法とみなすことはできない。すべての普遍言明は，仮説的な性格をもつのである。

(3) 反証主義・演繹主義：しかし，普遍言明は演繹論理にもとづいて反証することは論理的に可能である。例えば，「すべてのカラスは黒い」という普遍言明は，有限な白いカラスをみいだすことによって論理的に反証されうる。それゆえ，科学的知識の特徴は反証可能性であるということ，つまり演繹論理にもとづく反証可能なあるいは批判的にテスト可能な理論だけが科学的と呼ぶにふさわしいといえる。

(4) 反証可能性：しかし，この反証可能な理論とは誤った理論という意味ではない。反証可能な言明とは，何らかの事象の生起を禁止する内容をもつ言明に還元できる言明である。例えば，「出来高賃金制にもとづく企業の生産性は高い」という言明は，「出来高賃金制にもとづく生産性の低い企業は存在しない」という禁止的内容をもつ言明に還元できる。それゆえ，この理論を反証するために，実際に出来高賃金制を採用したにもかかわらず，生産性が逆に低下した企業を探そうとするだろう。

(5) 経験的内容：このように，禁止内容が多ければ多いほど，つまり反証可能性の度合が高ければ高いほど，その言明はそれだけ経験についてより多くのことを語っているので，その理論の経験的内容は多いといえる。これに対して，「出来高賃金制に従う企業の生産性は高い場合もあるし，低い場合もある」という言明は，どんな事象の生起も禁止していないので，この言明を反証することはできない。つまり，すべての事象の生起について語り，何も禁止していないということは，実は経験について何も語っていないことに等しく，その経験的内容はゼロとなる。それゆえ，このような反証不可能な

言明は非経験科学的となる。

3．科学方法論

以上のように，もし反証可能性が科学の境界設定基準であり，理論の経験的内容が反証可能性の度合に依存するとすれば，科学的方法は以下のような知識の取り扱い方あるいは手続きとなる。

まず，反証可能性には度合があるので，ある理論が絶対的に反証可能であるとか反証不可能であるとかを決定することは難しい。実際には，ある理論は反証可能な理論としても反証不可能な理論としても扱うことができる。しかし，もし反証可能性を科学の基準として受け入れるならば，科学者はできるだけ理論を反証可能なものとして扱い，理論を積極的に批判的に議論しなければならない。

そして，もし提出された理論が批判的にテストされ，テストに耐えるならば，その理論は真としてではなく，未だそれを放棄するいかなる合理的理由もないという意味で，その理論は暫定的に容認されうるにすぎない。

しかし，もしその理論が批判的テストによって反証されるならば，科学者はその反証事例をも説明しうるより説明力のある理論を探求するように努力する必要がある。そして，もしより説明力のある理論が発見され，その理論が選択されるならば，そこに科学の認識進歩が達成され，これによって科学的知識は成長することになる。

これが，科学と呼ぶにふさわしい合理的活動であり，科学の目的は真理獲得ではなく，批判的議論にもとづく真理接近，認識進歩，そして知識成長であるといえる。

Ⅲ．経験科学としての新制度派経済学

以上のようなポパーの経験科学の基準にもとづいて，経営学を分析したとき，私の考えでは，新制度派経済学にもとづく企業理論[2]，つまり取引コスト理論，エージェンシー理論，所有権理論などの諸理論は，ある程度，この基準を満たすものと思える。これらの理論は，いずれも限定合理的で効用を最

大化する人間観のもとに様々な制度の形成とそれに従う人間行動を説明し、しかも経験的にテストできる言明を導きだすことができる。

1．取引コスト理論

例えば，取引コスト理論によると，すべての人間は限定合理的で機会主義的と仮定されるので，取引するときには互いに相手にだまされないように相互に用心するだろう。そして，そのために取引前に相手を調べ，取引契約を行うときには法律専門家を仲介させ，取引契約後も契約内容が履行されているかどうかを監視する必要があり，それゆえ取引上多くの無駄が発生する。この無駄が，「取引コスト」である。

この取引コストの存在を考慮すると，本来，取引した方が明らかに資源の効率的利用が起こるにもかかわらず，取引コストが高いために取引が起こらない場合がある。このとき，資源を効率的に利用するために，取引コストを節約する制度，例えば契約法や当事者間にだけ成り立つインフォーマルなルールが形成されるということ，これが取引コスト理論の考え方である。

この理論は，より具体的な事例を用いてテスト可能にすることができる。例えば，いま自動車メーカーAが新車を開発し，非常に特殊な部品をサプライヤーBに発注したとしよう。この場合，取引コスト理論によると，A社とB社の間には駆け引きが起こり，高い取引コストが発生する可能性がある。それゆえ，取引コストを節約するために，AとBは自由な市場取引ではなく，相互に統合するかあるいは長期契約を結ぶことが予想される。これに対して，実際にはAとBが市場取引を続けているならば，取引コスト理論は反証される可能性があるだろう。

2．エージェンシー理論

また，エージェンシー理論でも人間は限定合理的で機会主義的であると仮定され，すべての人間関係がプリンシパル（依頼人）とエージェント（代理人）関係で分析される。

ここでは，すべての人間が限定合理的なので，両者の利害が一致する保証はなく，また相互に情報も非対称的であり，それゆえエージェントは契約後

にプリンシパルの利益を無視して隠れて利己的利益を追求する可能性がある。つまり，モラル・ハザードが発生する可能性がある。

そこで，プリンシパルは，エージェントにだまされないために，事前に利害を一致させ，そして情報を対称化させるような何らかの制度を形成しようとする。これが，制度論としてのエージェンシー理論の考え方である。この考えも，具体的な事例を用いて批判的にテストすることが可能である。

3．所有権理論

さらに，人間は限定合理的であり機会主義的であるために，世の中にはだれの所有かわからない資源がたくさんあることに注目したのが所有権理論である。

もしある資源の所有権が不明確ならば，その資源はだれでも利用できる。しかし，利用して発生するプラス・マイナス効果は，だれにも帰属されることはない。それゆえ，所有権が不明確な資源はマイナス効果を避け，プラス効果を出すように効率的に利用されることはないだろう。

そこで，資源を効率的に利用するために，資源を利用して発生するプラス・マイナス効果をその資源の所有者に帰属させるような所有権制度が必要となる。そうすれば，所有権者がマイナスを避け，プラスがでるように効率的に資源を扱うことになり，資源は効率的に利用されることになる。これが，制度論としての所有権理論の考え方である。この理論も具体的な事例を用いれば，テスト可能である。

以上のように，新制度派経済学と呼ばれる3つの理論はいずれも限定合理的世界では資源の効率的利用を実現するために制度が発生すると考え，何よりも政策として資源の効率的利用を促すために様々な制度を形成する必要があると主張する。そして，これらの理論はいずれもテスト可能な言明を導出することが可能なのである。

IV. 経験科学としての経済制度論の限界

1. 不条理現象

たしかに，新制度派経済学が仮定しているように，人間には経済的な側面があり，それゆえ人間はコストを節約するようにより効率的に行動しようとするだろう。そして，そのために，様々な制度が形成されることになるだろう。

しかし，注意しなければならないのは，人間は限定合理的なので，そもそも多様な制度を形成したり，その制度に従って行動することそれ自体に，多大なコストがかかるという点である。

したがって，経済人はこのようなコストの大きさをすぐに認識するので，そのコストがあまりにも大きい場合には，むしろ制度を形成せず，何もしないでいるほうが経済合理的と判断してしまう不条理な場合がある。あるいは，そもそも制度に従わない方が経済合理的になると判断する場合がある[3]。

2. 社会的不条理

この不条理な現象を，今回の福島原発事故をめぐる安全性との関係で，図を用いて説明してみよう。まず，図1の横軸を「原子力の安全性を高めるた

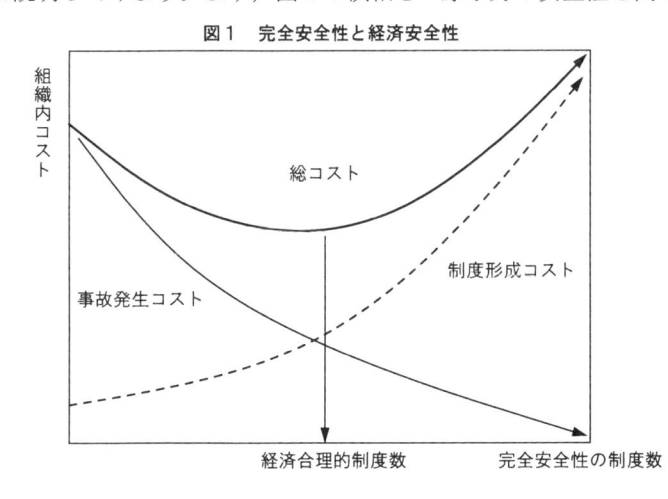

図1　完全安全性と経済安全性

めの多様な制度数」とし，縦軸は「コスト（資源を利用するために社会が負担するコスト）」としよう。

　明らかに，原子力発電の安全性を高める多様な制度をより多く形成し，それを導入し実行していけば，原発事故発生をめぐるリスク負担コストは徐々に減少して行くことになるだろう。

　しかも，最初はより効率的な，それゆえコストを大幅に下げうる制度から形成され導入されていくため，最初はコスト節約効果は高いだろう。しかし，やがて，多少効率が悪い制度も導入されるようになると，コストの減少幅（つまり1制度あたりの効果）は徐々に小さくなりはじめる。それでも，制度の数が極限まで多くなれば（つまり横軸の右端にまで至れば），いずれコスト・ゼロが達成されるだろう。

　しかし，これは安全性をめぐる制度形成コストを無視すればという条件付きである。社会的コストの中には，制度を形成・導入・実行するための一連のコスト（制度形成コスト）も含まれている。

　このコストは，事故発生をめぐるリスク負担コストとは逆の曲線を描く。最初のうちは効率的で形成コストの少ない制度が導入されるので，コストの増加率が低い。しかし，徐々にコストのかかる制度が導入されて行くので，コストの増加幅（つまり1制度あたりの効果）は大きくなっていく。つまり，効率が悪い制度が導入されていくことになるだろう。

　以上のことから，原発事故発生をめぐるリスク負担コストと制度形成コストを足した社会的総コストは，両端が高く真ん中が低いという曲線（凸曲線）を描くことになる。そして，この社会的コストが最小となる点の制度数が，もっとも経済合理的な制度数ということである。

　このことは，完全に安全な状態をもたらす制度数と経済的に安全な状態をもたらす制度数は異なることを意味する。そして，もし人間に経済的な側面があるとすれば，人間は完全安全性ではなく，経済最適な制度形成を行うことになるだろう。

3．個人的不条理

　さらに，この図1の右上がりのコスト曲線は制度に従う個々人が負担する

コストだと解釈することもできる。制度の数が増加すればするほど、その制度に従う個々人が負担するコストも大きくなる。多様な制度やルールに忠実に従うことは、個々人にとって多大なコストがかかることを意味する。

このように解釈すれば、この図１が意味しているのは、原子力発電をめぐってたとえ完全安全性を達成するために、たくさんの制度が形成されたとしても、個々人にとってはそのようなたくさんの制度に完全に従うことはコストが最大となるので、むしろ制度に従わない方が合理的だということになる。

したがって、個々人にとって、多くの制度に従って完全安全性を目指すよりも、むしろ多少安全性を欠いても手抜きをした方が経済合理的だということである。それは、非倫理的でルール違反であるが、経済的には合理的な行動なのである。まさに、人間は不条理に陥るのである。

Ⅴ．学問の不条理とその回避

１．学問の不条理

以上のように、もし人間や企業が経済的であるならば、人間も企業もはじめから完全安全性を目指さないだろう。何よりも、経済的に最適な安全性を目指すことになる。つまり、合理的に不安全な状態を選択するという不条理に陥ることになる。それゆえ、東電が完全安全性を目指さなかったのは、経済合理的だったのである。

同様に、経験科学としての経営学を目指す経営学者も、もし東電から安全性をめぐって助言を求められたならば、専門家としてコストを無視してでも完全安全性をめざすべきだといえるだろうか。おそらく言えないはずである。やはり、経営の専門家として完全安全性を捨てて、経済的に最適な安全性を追求すべきだと助言することになるだろう。つまり、手抜きである。こうして、経営学者は「学問の不条理」に陥ることになる。

では、経営学者がこの「学問の不条理」から脱出するにはどうしたらいいのか。以下では、人間に関して、過去、最も深く考察した最高の哲学者イマヌエル・カント（I. Kant）[4]がアンチミー（二律背反）を解決した同じ方法で、この不条理を解決してみたい。カントは、人間には経済的側面とは別の次元

があると考えたのである。

2．カントの二元論的人間観

カントによると，人間はたしかに動物と同じように外部の要因に対して刺激反応するし，物理的存在のように後ろから押されれば力学的に倒れる他律的な存在である。つまり，人間は自分の外にある刺激物や力学的な力に従って他律的に行動する存在であることは否定しない。このような人間の他律的側面の一つが経済人なのである。

カントは，このような因果関係や因果法則を認識し，しかもそれに従う人間理性のことを「理論理性」と呼んだ。そして，この因果関係「AならばBである」を変換すると，目的と手段の関係「BのためにAすべし」になるので，マックス・ウェーバー（M. Weber）[5]はこのようなカントの理論理性に従う人間行動のことを「目的合理的」といった。簡単にいえば，これは計算合理性であり，損得計算に従う人間行動のことである。

しかし，カントは同時に人間には自律的な意志もあり，その自律的意志に従って因果関係に逆らうような自由な行動もできると主張した。そのような因果関係に囚われない，自らはじめる自由な意志のことをカントは「実践理性」と呼んだ。そして，この実践理性に従う行為のことを，ウェーバーは「価値合理的」と呼んだ。

このような自律的な理性が人間に存在することの証拠として，カントはわれわれ人間が動物的に衝動的に安易な行動をしたとき，それを反省するように「こうすべきではなかった」という道徳意識がわれわれ人間には起こるからだという。これは，「理性の事実」[6]だというのだ。このような意識の存在こそが自律的意志つまり実践理性の存在証明になるというのが，カントの考えである。

そして，このような自律的な意志に基づく自由行為こそ動物的でもなく物体でもない人間独自の理性的な行動だとする。だとすれば，このような自律的な行為を一度でもいいから実践することが，人間として生まれたものの責務であり，義務だというのがカントの人間学的道徳哲学なのである。そして，このような行為ができる人間のことを，カントは「啓蒙された人」[7]と呼

んだ。

3．学問の不条理からの脱出

　このような二元論的人間観に立つことによって，カントは経験科学の存在のみならず哲学の余地も残したように，経営学者も「学問の不条理」を回避できる。

　われわれ人間は，一方で他律的なので，外部からの脅しや暴力や権威に従って行動する。そしてまた，法律やルールや制度に従って行動する存在でもある。この人間の他律的側面を利用して，経営学は例えば経験科学としての制度論にもとづいて安全性をめぐって経済効率的な制度を積極的に研究する必要がある。

　しかし，これだけでは完全安全性は達成できない。何よりも，さらに安全性を高めるには，人間に存在する自律的な自由意志に訴える必要がある。経営学は，そのような自由意志や自律性の重要性を強調し，それに基づく実践的行為を引き出すように，経営者や企業人を啓蒙する必要がある。つまり，経営哲学を展開する必要があり，人間としてコストに囚われずに自律的により安全性を高めるべきだと助言する必要がある。

　このようなカント的二元論に立って人間主義的経営学を展開したのは，ピーター・フェルディナンド・ドラッカー（P. F. Drucker）[8]である。彼は，「学問の不条理」に陥ることはなかった。

　ドラッカーは，経営者はある程度お金や名声に囚われて行動する他律的で動物的な存在であることを認めていた。しかし，経営者は人間としてお金や名声に囚われずに自らの理性にしたがって自律的に自由に行為することもできると考えた。

　それゆえ，ドラッカーは企業の目的として利益最大化を認めなかった。彼は，企業の目的はお金儲けではなく「顧客の創造」だといった。これは，経営者が顧客の声を聞いて受動的に製品を製造販売し，お金儲けをするという意味ではない。

　経営者も人間として生まれたからにはあえて自律的であるべきであり，自由を行使すべきだということである。つまり，企業経営者は自由に製品を創

造し，それを顧客に問うべきだということである。そして，もし成功すれば，新しい業界や産業が形成されることになる。したがって，新しい産業社会を形成するのは政府でも官僚でも政治家でもなく，企業経営者であると主張したのである。

同様に，経営者は従業員に対しても十分な給与を与えるだけではなく，自らの職務の意味や意義を理解させ，彼らが自律的に自由に行動できるように最高の仕事を与えるべきだと主張した。つまり，ドラッカーは企業内のミドルやロアーや従業員に対しても自由で自律的な行為を求めたのである。

例えば，中間管理職に自由を行使させるために，上から駆り立てるような他律的で強制的な管理ではなく，自己統治による「目標管理」つまりより上位の目標内で各中間管理職が自ら自由に自律的に目標を打ち立て，その目標のもとに自己統治するような自律的な管理が必要だといった。また，従業員に対しても，ひとりひとりが経営者のように自律的に経営に参加する必要があると主張した。

このような人間の自律性つまり自由を引き出すような経営がドラッカーの人間主義的経営学なのである。そして，ドラッカーはこのような経営に基づく企業から未来の自律的な経営者が生まれてくるのだと主張した。

このような経営者は，一方で人間の他律性を考慮して様々な制度を構築して安全性を高めるとともに，他方でコストを負担してでもさらなる安全性を自律的に追求しようとするだろう。このような経営者のもとにある従業員も，普段はできるだけコストがかからないような行動をとるが，危機が発生したときにはコスト負担とは無関係に無償で対応しようとするだろう。

このようなドラッカーの経営学を非経験科学的だとして否定するのではなく，むしろそのような哲学的側面もまた経営学には必要なのだということを理解する必要がある。そうでないと，われわれは「学問の不条理」に陥ることになるだろう。

VI. 結論——綜合学としての経営学——

以上，経営学は経験科学としての経営学に留まるのではなく，あえて経営

哲学としての経営学も補完的に積極的に展開するような綜合的な学問であるべきだというのが，私の立場である。それゆえ，経営学は経験科学に留まるべきではない。もちろん，経験科学を無視した単なる形而上学では不十分である。経験科学と哲学の両方とも，補完的に必要なのだ。

この立場を理解してもらうために，ここではまず科学と非科学の境界設定について述べ，次に経験科学としての経営学の代表として新制度派経済学について簡単に説明した。さらに，経験科学としての新制度派経済学には限界があり，この方向で研究していると，経営学者は「学問の不条理」に陥ることを説明した。最後に，この学問の不条理を克服するには，例えばカントの二元論的な人間観に立って経営学は経験科学としての経営学だけではなく，ドラッカーのような経営哲学的な研究もまた必要であることを述べた。

このように，企業経営をめぐって経験科学的研究のみならず経営哲学的研究もまた補完的に展開することによって，経営学者は「学問の不条理」に陥ることなく，よりインパクトのあるメッセージを実務家に与えることができると思う。

注
1) ポパーの科学哲学については，Popper（1959, 1972）に詳しいので，参考にしてほしい。
2) 新制度派経済学については，菊澤（2006, 2011），菊澤編（2010）に詳しく説明しているので，参考にしてほしい。
3) このような不条理に関する議論は，菊澤（2009, 2010）でも詳しく説明しているので，参考にしてほしい。
4) ここで扱うカント哲学については，Kant（1785）の内容に大幅に依存している。カント哲学については，岩崎武雄氏の説明が分かりやすい。例えば岩崎（1958, 1977）などがある。
5) ここで議論しているウェーバーの議論については，Weber（1922）を中心とした議論である。
6) カントのいう「理性の事実」については，Kant（1788）に詳しい。
7) カントのいう「啓蒙」という言葉の意味については，Kant（1784）に詳しいので，参考にしてほしい。
8) ドラッカーの経営学については，Drucker（1954）が最もわかりやすい。

参考文献
Drucker, P. F. (1954), *The Practice of Management,* New York, Harper and Row.（上田惇生訳『現代の経営 上・下』ダイヤモンド社，2006年。）
Kant, I. (1784), *Beantwortung der Frage : Was ist Aufklärung.*（篠田英雄訳『啓蒙とは何か』岩波文庫，1974年。）
Kant, I. (1785), *Grundlegung zur Metaphysik der Sitten.*（篠田英雄訳『道徳形而上学原論』岩波文庫，1980年。）

Kant, I. (1788), *Kritik der praktischen Vernunft.*（波多野精一・宮本和吉・篠田英雄訳『実践理性批判』岩波文庫，1979年。）

Popper, K. R. (1959), *The Logic of Scientific Discovery,* Hutchinson.（大内義一・森 博訳『科学的発見の論理（上）・（下）』恒星社厚生閣，1976年。）

Popper, K. R. (1972), *Objective Knowledge : An Evolutionary Approach,* Clarendon Press.（森 博訳『客観的知識―進化論的アプローチ―』木鐸社，1980年。）

Weber, M. (1922), *Wirtschaft und Gesellschaft,* erster Teil, Kapitel 1, Soziologische Grundbegriffe.（清水幾太郎訳『社会学の根本概念』岩波書店，1972年。）

岩崎武雄（1958），『カント』勁草書房。

岩崎武雄（1977），『カントからヘーゲルへ』東京大学出版会。

菊澤研宗（2006），『組織の経済学入門―新制度派経済学アプローチ―』有斐閣。

菊澤研宗（2009），『組織は合理的に失敗する』日経ビジネス人文庫。

菊澤研宗編（2010），『企業の不条理―「合理的失敗」はなぜ起こるのか―』中央経済社。

菊澤研宗（2011），『なぜ「改革」は合理的に失敗するのか―改革の不条理―』朝日新聞出版。

5 行為哲学としての経営学の方法

庭 本 佳 和

I. 経営学の学的性格としての実践性
―― 経営（＝行為）の学としての経営学 ――

　経営（協働行為）現象は人類の歴史とともにあるが，経営学は，産業革命期に一定規模に達した企業が直面する経営課題に応える経営行為を導く知識体系として生まれた。「経営（＝行為）の学としての経営学」の誕生である。その意味では，経営学は当初から実践性（＝目的行為性）を学的性格として内在させていよう。

　今日，経営行為の中核をなす組織や管理は企業を超えて拡がり，どこでも経験する現象となった。その考察を引き受けた経営学の対象は，今や国家や都市，大学などの非営利経営体の経営（実践・行為）にまで拡大している。もっとも，わが国の経営学は，戦前にドイツ経営学の影響もあって，「経営学は企業を対象とする実践学」との理解が今も根強い。極端な場合，経営学は，特定ディシプリン（「どう見るか」）で対象世界に接近するのではなく，対象世界を特定化（「何を見るか」）して幾つかのディシプリンで多面的に接近する学，具体的には企業を特定領域とする「領域学」と主張されたりもする（榊原 2002）。ここでは，経営学独自の方法を必要としない。

　この主張には，「経済現象より経済学に関心があり，理論に詳しいが現実の経済を説明できない経済学者が少なくないが，経営学者には経営現象に直接接近する人が多い」という経済学者に失礼なお土産までついている。経営学者にも学説研究者は多い。だが，「経営現象を説明できない」人から，優れた学説研究は生まれないだろう。

　「企業に直接接近すれば，その構造や動きがよく把握できるし，研究成果の

実践性も高い」という主張は実証的研究者の信念ともいえるが，それも幻想に近い。実証研究といえども，その多くは企業の「現にある姿」の実証しやすい一部を描いて終わるからだ。

　それでは，経営学における実践性とは何か。ここでは，経営学の実践性を，「実務家が体験中の経営現象を理解するのに役立つ（手がかりとなる）理論枠組を提示することと，次の経営現象を生み出す経営行為や経営判断の基盤となる"思想ないし哲学"を提示すること」と説明しておこう。このような経営行為に内的な視点から経営学を切り開いてきたのが，実務家（＝行為者）のテイラーやファヨールであり，そしてバーナードだ。もちろん，多くの経営学者や実務家が，その足らざるを埋め，精緻にし，経営学を今日まで発展させてきた。私たち凡人もそれを学ぶことによって，ある程度まで，経営現象を見渡す高みに立ち，これを分析し，説明することができる。それだけではない。どのように経営し，どのように管理し，どのように行為したらよいか*を常に考えている人*には，極めて一般的だが，実践的示唆（ヒント）も得られるだろう。そこから具体的レベルで考え，展開するのは，もちろん学習（行為）者である。

　とはいえ，「今の経営学は企業のやっていることを，後から整理するだけ」「後講釈の経営学はいりません」と「役立つ経営学」を求める実務家の声も強い（小林 2010）。この指摘には経営学に対する誤解もあるが，この指摘が妥当するところも少なくない。この点も念頭におきつつ，来るべき経営学の実践性と方法を考えてみたい。

Ⅱ．経営学の実践性を支える学的基盤
——歴史性・批判性・思想性——

　経営および経営学の実践性を考える上で，近年の金融・経済危機への企業の対応は興味深い。2008年9月15日のリーマン破綻に端を発した金融危機は，当然，実物（実体）経済に反映して，世界経済危機を招いた。この事態は，2007年夏に表面化したサブプライム・ローン問題という重大かつ深刻な予兆を，多くの企業が見逃していたことを物語っている。日本企業もその例外で

はなかった。

経営学もまた無力であった。経営学主流派の研究（実証的経営学）が経営の後追い記述の学と化したからだ。そこに「経営学は企業のやっていることを，後から整理するだけ」という実務家の声もあがる。確かに，経営学は「現にある企業の姿」の一部を描けば済むのではない。結論的に言えば，経営学はまず過去から反省的に学ぶ歴史の学（歴史的理性）であり，そこに生成した視点から現前の経営を批判的に分析する経営批判の学（理論的理性）であり，そして未来を構想する経営の哲学（哲学的実践理性）である。敢えて順を示せば，*歴史的反省（歴史的理性）→哲学（価値・道徳的）的創造→経営批判（理論的理性）→哲学的調整* ということになろう。このいずれの側面を欠いても経営学は実践性を失う。極言すれば，近年の経営研究の多くはこのいずれの側面も欠いていた。

1．歴史学としての経営学

経営の役割とは，経営体の存続・発展をはかることだ。具体的には，経営は資源の移動や再展開を伴う経営体の未来の事業を現時点で構想し，決定し，その実現に向けた現時点の行為から構成されている。しかし，全く未知な未来を想像することは難しい。既に起こったことのある歴史から学び，それを手掛かりに未来を類推するほかない。未来も回顧的にしか展望できないのは，人間の宿命である。ここに経営学における歴史研究の重要性が浮かび上がる。

経営を軸にすれば，人間の歴史は3つの層からなる。一つは経営の背景ともいえる人間の営みからなる文明や国家の興亡の大きな流れで，これを研究対象にいわゆる「歴史学」が成立している。だが，人間の生活（日常の営み）は対立や争い以上に調整と協働（経営活動）の産物（経済・産業活動）に大きく影響を受けてきた。ここに焦点を合わせるのが経済史であり，上述の歴史層とともに，ダイナミックな経営環境の歴史を構成してきた。

経営学は，これら歴史層の相貌を捉える歴史観（哲学や思想）を自らの理論に組み込むことによって，それを学ぶ経営（行為主体＝組織）に経営体を取り巻く大きな歴史的流れを捉える眼を身につけさせるだろう。それが，**経営に不可欠な歴史的大局観**である。

残る一つが，経営体の経営（行為主体とその行為）が織りなす歴史（経営史）層である。この層を深く掘り起こすことは，過去の経営実践の是非を反省的に問い，現在の経営に対する批判的視点に立った分析能力と経営（体）の未来を構想する力を養うだろう。

　ところで，「経営学の学的基盤としての歴史学」という観点に立てば，クルティウス＝ルーフスの「**歴史は繰り返す**」との言葉は興味深い。確かに，自然現象に伴う災害は，歴史上，繰り返し現れ，個々の経営体はもちろん，人間社会に大きな被害を与えてきた。近年は阪神大震災［1995］，中越沖地震［2007］，東日本大震災［2011］と続いている。特に東日本大震災［2011］は，14～15ｍの津波が多くの生命を奪って地域に壊滅的打撃を与えたに終わらず，東京電力福島第一原発の制御施設を破壊・爆発させて，首都圏まで及ぶ広い地域を放射性物質で汚染しただけに深刻だ。「想定外」としばしば言い訳をする東電は，単に歴史（貞観津波［869］の記録。15メートルの津波試算研究）を軽視するだけでなく，***想定を超えるからこそ経営能力の最高の発揮である判断が必要なのだ***，という自覚もない。

　人間活動による環境問題も文明とともにある。だが，これまでと異なって，近代科学を駆使した20世紀後半の経営活動がもたらした地球環境問題の本質は，「地球の生命維持装置の破壊」にある。この歴史認識があってこそ，地球環境問題の深刻さと，それが21世紀（前半）最大の経営課題である理由も理解できるだろう。

　人間の相互作用が生み出す社会事象の中にも，時を経て類似の事象が何度も現れている。バブル経済の崩壊もそうだが，世界的金融・経済危機もこの度（2008）が初めてではない。以上の具体例のいずれもが，**未来を遠望するには歴史に学ぶべきこと**を示唆している。

　だが，人間の歴史に全く同じ事象は決して起こらない。時代的新たな要素（細部）が全体事象を変化させるからだ。この意味で，「**歴史は繰り返さない**」のである。ニューヨーク市場の株価大暴落に端を発した1929年の世界金融大恐慌と，2008年の世界的金融・経済危機との違いは，世界を結ぶ情報通信技術やグローバル経済の進展の顕著な差（促進的要素）よりも，金融技術の発達（その内実は金融機関と政治・行政のもたれ合い）によるサブプライム・

ローンとその証券化や CDS の存在が，過大信用供与によるバブルを隠す本質的差異であり，**全体を規定する新たな細部**であった。

いかに環境認識に優れている経営でも，その渦中で，瞬時に連動する世界的金融・経済危機の全貌を把握し，速やかに経営決断するのは難しい。そうであれば，環境兆候として働く「全体を規定する新たな細部」を事前に探索・注視して，最悪の事態を含めて幾つか用意したシナリオのいずれにも素早く移れる組織能力の必要性を，歴史が示している。少なくとも，経営学はそれを試みねばならない。このように，歴史学は経営学の実践性を支える学的基盤なのだ。

2．経営批判学としての経営学

経営学の実践性は「実務家が直面する経営現象を捉える理論枠を提示し，次の経営現象を生み出す経営行為や判断の基盤となる哲学を示す」ところにある。同時に，その実践性を貫徹させるためにも，経営学は環境認識能力を含めた組織能力の向上を絶えず問わねばならない。それは，過去を反省的に学んだ視点から，現前の経営を批判的に分析することによって実現するだろう。この意味で，**経営学は「経営批判の学」であり，その実践性も批判性に担保**されている。

ところが，経営学の多くは自らを「経営批判の学」と自覚していない。たとえば，1990年のバブル経済の崩壊で業績が低迷した日本企業も，90年代後半以降，自動車業界を中心に回復基調にあった。実証主義経営学は，その関心をここに集中させ，日本企業の強さを強調する研究を多く輩出した。だが，その研究は，深刻な低業績にあえぐエレクトロニクス関連企業の経営実態とは，乖離していた（沼上 2007，103頁）。この無批判傾向は，世界金融・経済危機（2008）まで続く。これをトヨタの経営に追ってみよう。

トヨタ生産システムで知られたトヨタは，ホンダ，日産に比べて海外進出は遅れた。しかし，90年代初頭に，そのグローバル戦略構想のもとに，地球環境問題を21世紀前半の自動車会社最大の経営課題と見定め，ハイブリッド車の開発に踏み切り，1997年に世界最初の製造・販売にこぎつけたのは，確かに称賛に値する。事実，多くの経営学者，評論家の称賛を集めた。そこに

は排ガス規制（1975）で一敗地にまみれた経験からの学習効果もあったに違いない。

　2000年代に入ると，トヨタは優れた生産方式，プリウスを開発した技術力，高いブランド力などを駆使して，世界制覇に乗り出した。この時期，拡大戦略をとって，世界No.1の座をGMから奪い取り，2兆円を超える営業利益を叩き出したトヨタの組織能力，とりわけ実行能力はすぐれている。しかし，**あらゆるシステムにおいて，特定部分の一方向の大きな急変化は，多様な部分がバランスしている全体システムに歪みをもたらす。他の要素の機能が働かない（働けない）単一システム化し，システム全体の柔軟性を失うからだ。**近年のトヨタの急拡大（5年間に約500万台）にその潜在的危険を察知し，経営学的に分析し指摘した実証研究を，寡聞にして知らない。数多くある「トヨタの強さの秘密の解明」は，他社に参考になっても（すでに承知？）トヨタ自身には役立たないだろう。

　実行能力も，戦略能力，特に環境認識能力あって初めて活かされる。しかし，近年の急拡大戦略に伴って，取引業者から「トヨタが昔の日産みたい（官僚的）になった」という声が漏れていた。それは変化への"しなやかな対応力"を失う前例主義や計画主義の始まりである。品質保持も懸念されていた。いわば車造り思想の変質で，いずれもが*組織能力劣化の兆候*といえる。これを経済危機へのトヨタの対応から拾ってみよう（以下の具体的記述は，井上・伊藤 2009）。

　2007年夏に表面化したサブプライム・ローン問題は，経済変調を示唆する環境兆候であった。決して弱い環境シグナルではないが，多くの企業は見逃した。利益優先で，これを無視したというのが実情だろう。この年度，トヨタは2兆円の営業利益をあげている。

　2008年夏，リーマン倒産直前に，日産がミシシッピー工場での生産停止した大型車を，トヨタはミシシッピーの新工場を稼働させて12月まで生産しようとした。両者の環境認識の差は歴然としている。また生産調整もホンダより2カ月以上も遅れ，傷口を広げた。

　トヨタが環境適応に遅れたのは，環境認識枠組に近年の成功体験が組み込まれ，世界経済の「成長神話」を「成長真話」と錯誤したからだ。2008年夏

まで増産アクセルを踏み込んで，工場建設費などの固定費を膨らませ，損益分岐点を押し上げた。この状態で需要が減退し，販売が急降下すれば，ひとたまりもない。

　トヨタの経営を歪めたものに，中長期的な生産・販売計画を示す「グローバル・マスタープラン（通称グロマス）」と「グローバル・プロフィット・マネジメント（GPM）」がある。この数値目標が現場の感触より優先され，経営の硬直を招いた。またGPMにこだわれば，まず利益の出る車が優先される。それが損失を大きくした。

　トヨタが今日あるのは，単に利益を追ったからではない。顧客が求める車を開発し，効率的に生産し，適正価格で提供できたからだ。利益は結果であり，市場性あるものを生産したか否かをチェックする，市場経済体制下の企業が超えねばならない厳しい制約である。トヨタは，この経営の原点を忘れていたといえる。

　経済危機（2008）へのトヨタの対応を事後的なら，批判的論評も容易だ。歴史的過去として反省するならともかく，同時並行的な経営（現前の経営）に対する実践性ではない。では，*実践的だと豪語する実証的経営学がその実践性をなぜ発揮できないのか*。それは「現にある企業の姿」の一部を描いて終わり，*現前の経営批判をしないからである*。なぜ現前の経営を批判的に捉えないのか。それは依拠する方法論や科学観の問題もあろうが，*批判的基準となる歴史学的基盤と，とりわけ**哲学的基盤を欠いている***からだろう。

3．哲学としての経営学

　経営（＝経営機能を遂行する行為）の中核は，経営資源の移動や再展開を伴う経営体の未来の事業を現時点で構想し，決定し，その実現に向けた現時点の行為から構成されている。これを「目的の決定とその定式化，および確定した目的の遂行」（バーナード）と言い換えることもできる。「目的決定」は価値確定と創造を伴うが，一般に論理や事実の問題とされる「確定した目的の遂行する手段の選択も価値が潜み込んでいる」ことには注意せねばならない。

　現在の経営のかなりは過去の経営が規定し，現在の経営が未来の経営を規定するから，現経営の実践性は過去の成果を刈り取りつつ未来の経営の姿を

現時点で描き，それに向けて行為することだ。経営学の実践性がこれに応えることだとすれば，行為を導く基準（＝行為哲学）の提示が何よりも必要である。ここに経営学は，**未来の経営（体）のあるべき姿（価値）を措定する哲学**として成立する。

　小笠原（2004）も「経営学における哲学的研究の回復」をはかり，経営学的実践を模索する一人だが，それを経営学に内在的な論理というより，「人間学（生活学）としての経営学」に求める。人間学であるがゆえに，経営学は経営哲学だという主張は，一般論としては否定しない。生活は実践に違いないが，経営科学と同次元で経営学の哲学性と実践性を主張する論拠たり得るのだろうか。

　小笠原の経営哲学という「もう一つの経営学」構想は，山本安次郎の経営哲学論を継承している。彼は，山本の経営哲学二分法，「経営学の哲学（経営学理哲学）」と「経営の哲学（経営存在哲学）」を受け入れつつも，山本説から排除されている「実践論としての経営哲学」が「経営存在論」の中に統一されていると見て，「経営実践哲学」を独立させた。経営哲学の枠組を学理，存在，実践から構築しようとする小笠原構想は，実に雄大で，惹きつけられる。しかし，小笠原が指摘するように，経営実践哲学が理論と理念や哲学に結びつき易い政策との統合を強調する山城の経営哲学に相等するものなら，山本の真意を必ずしも伝えていない。

　山本もまた「経営学は学理的にも学史的にも実践科学的性格のもの」と認める。だが，山本は，経営理論だけでも，経営政策論だけでもなく，両者が「経営学において統一される二つにして一つのもの」だと主張する山城（1956，140頁）の実践的経営学を決して認めなかった。経営理論科学としての経営学の範疇から逸脱しているからである。山本（1967）の構想する経営体系では，経営哲学と一体化した経営政策論は，最広義で捉えた経営学の構成メンバーではあっても，実践的経営学のメンバーシップを得られず，それは価値無関連で事実関連的な方策に譲らねばならなかった。小笠原も，山本に哲学を取り上げられた方策論に押し込められて認められた山城の実践経営学から，自らの壮大な経営哲学の枠組を構成する一つとして「経営実践哲学」を着想したのではないはずだ。

山本は「課題的性格，実践理論的性格は特にわれわれの経営学に固有にして必然なもの」と経営学を規定し，規範的経営学は科学ではなく，経営哲学だとして，自ら主張する実践理論的経営学からは排除し，「それはむしろ経営理論や方策論を超える経営政策と主張すべき」と強調している。M．ウェーバーの「価値自由」基準に影響を受けた山本の実践論は，小笠原が主張する「当為ないし価値論的実践性」（63頁）にまで及ばないのである。

　本稿で，経営学の実践性を支える学的基盤として哲学を語るとき，山本が実践的経営学から経営哲学に追いやった価値や規範を意味し，経営学における位置づけは山本よりは小笠原に近い。とはいえ，「経営学は（論理や事実を扱う）経営科学（＝経営理論）にして，（価値や規範に踏み込む）経営哲学（ないし経営政策）でもある」と主張するにしても，本稿の場合，小笠原のように生活（学）に迂回させるのではなく，経営実践理論自体に両者の「相互浸透・融合」を想定している。これは，「価値を内包しない，あるいは価値（的視点）を伴わない（実践）理論はない」という立場の表明でもある。

　この点をもう少し述べれば，一方の端（極）に近づくほど，哲学的色彩が濃い経営理論となり，他方の端（極）に近づくほど経営理論が厚みを増すが，そこにも哲学は浸透し，その間はグラデーション的に変化する全一体の経営学を構想している。そのモデルがバーナード理論だ。特に論理的に展開する16章「管理過程」と価値に踏み込む第17章「管理責任の性質」の関係（ワンセット）に「二つにして一つの経営学」の姿が現れている（庭本 2006，第9章）。

III．経営学の実践性を規定する方法の吟味
　　　──現象把握・記述・行為（現象）化──

　本稿は行為する経営の視点に立って（経営に則して）論を展開するところに経営学の実践性を見定め，それを支える学的基盤を求めてきた。本節では経営学の実践性を規定する方法を吟味したい。

1．経営現象把握の視点と方法

経営学の実践性は，まず経営現象の把握（認識）水準で決まる。しかし，過去および現在の経営行為が創出する現前の経営現象の把握は，どういう方法でも容易ではない。

経営学固有の方法ではないが，現象把握の方法として，経験的妥当性重視の実証主義的研究方法と権威ある既存理論との論理整合性を問う理論的研究が対立してきた（藤本 2005）。経営が対象の場合，これらは経営学の方法として機能する。沼上（2000）はこれを「変数システム（企業および環境）という立場」と後者を「（意味・解釈重視の）主観主義的立場」に代表させて，両者の架橋を試みている。研究には両者が必要であるが，現象把握の測定法やデータ処理法に近代科学的手法を取り入れ，追試可能性という意味での「客観性」を保ちやすい前者が，わが国でも経営学研究方法の主流である。

確かに，定義と仮定と限定から要素を絞り込み，それらの因果律を明らかにする科学的方法が現代の便利で豊かな社会を実現した。特定範囲内での威力は絶大である。だが，その乱用（普遍的適用）が地球環境問題や福島原発事故に繋がった。外的視点（外部観察）から対象化された自然認識や安全基準（近代科学知）は，現場の人々の内的視点（内部観察）で捉えた身体的感覚（身体知）や行為的直観（行動知）からしばしば乖離している。抽象度は低くても，身体的把握は広く深いからだ。実証主義経営学にも重なるこの限界は，理論研究や解釈主義研究でも容易に埋められないだろう。

行為者（実務家）が内的視点（行為的直観）で捉えた実感（身体知や行動知）に少しでも近づこうとする実証主義者の試みが，現場通いと行為者へのインタビューである。しかし，現場観察が最も成功しても臨床知にとどまり，インタビューもたちまち実務家の言語化の壁に突き当たってしまう。一部実証主義者の「企業に直接接近すれば，その動きがわかる」との信念にもかかわらず，外的視点に立って把握した現象（結果としては記述された現象＝命題）が「経験的妥当性」を得るのは，かなり難しい。後講釈も容易でない。

2．経営現象記述の視点と方法

経営現象をいかに巧みに把握できても，記述できなければ，経営学の実践性は損なわれる。もっとも，測定してはじめて現象が把握される実証研究の

場合，記述の視点と方法が問われることはない。

　記述の視点と方法が問題となるのは，とりわけ，行為の視点と同義に解される内的視点で把握された現象である。現象を内部から捉える内的視点は，自らの行為が現象を構成する当事者（行為者）しか得られない。経営現象の場合，経営機能を遂行する経営行為の提供者（行為主体）に限られる。経営学の転換点で，バーナードなどの実務家が大きな役割を果たしたのは，そのためだ。もちろん，実務家の誰もが自己の体験を理論化できたのではない。そこには次の３つの条件が必要である。まず①広く深い経営体験と行為直観把握（行動知），②自己の体験（個別経験）を一般理論化する深い哲学的洞察能力，③それを概念化し，理論化し，思考として他者に示す言語表現能力だ。この条件を満たす実務家は，極めて少ない。

　内的視点や行為主体的に把握した現象の記述，つまり③の言語化は矛盾に満ちたものになる。バーナードもこれに苦しんだ。言語化すること自体が，どこまで努力しても知的対象の論理にとどまり，バーナードをして①②で掴んだ行為的直観としての行動知や身体知を語れず，組織感を伝えられないと嘆かざるを得なかった。内的視点で捉えた現象を何とか内的視点の論理と方法で語り得たのは，循環的規定だと批判された組織定義，全体感が支配する管理過程論（組織経済論），道徳性（価値的側面）が全面に躍り出てくる管理責任論ぐらいである。受容的な権威理解や責任中心思考も，組織の存続をはかる行為的視点（内的視点）からは，自然に見えたのだろう。いずれも激しい批判を浴びた箇所か，無視された箇所である。科学的な対象論理に立つ記述方法でない故の批判であろうが，一般的には理解しにくい組織定義における顧客の位置も，読み手が組織に内的な管理的視点に立てれば，腑に落ちる。それはどこまでも行為点（行為化）の現象把握と記述なのである。

3．経営行為（現象）化の視点と方法

　経営現象を説明する経営学は，同時に経営現象を創り出す経営行為のための学問である。そこに提示された理論や思考からヒントを得るのも，それを活用し実践化するのも，行為者の実践性（実践能力）である。宅急便の事業化に成功したヤマト運輸の元会長・小倉昌男は，「プロテスタント倫理」を論

じた大塚久雄の「近代経済史」で学んだ思考が事業を行う精神的支えになったという。大塚の抽象的な思考でさえ，小倉の行為哲学として機能したが，経営学が提示する概念や理論，思考や哲学は論理的にも感覚的にも行為に馴染みやすい方がいいだろう。行為的直観や行為主体的方法（行為者が即認識者）が大きな力を発揮するのは，このためだ。身体知や行動知が行動を通して得られる知識であると同時に行動するための知識であるように，「実践志向性」という経営学の学的性格は，その提示する概念，理論，価値や思考そのものが行為の視点から生まれ，行為概念から構成され，行為化への道を切り開くところにある。

このような見方は，必ずしも一般的でないが，極めて抽象的なバーナード組織概念と顧客の位置づけは，外的視点に立つ研究者には難しくても，実務家には理解しやすいのかもしれない。少なくとも，バーナードの顧客把握は，『会社の概念』(1946)執筆の際に疑似内的視点を経験したドラッカーには響いたであろう。「経営目的は顧客の創造」(1954)という彼の主張に繋がった（バーナードの顧客概念の行為化）と見るのは，穿ちすぎだろうか。それどころか，内的視点で把握したバーナード顧客認識を，ドラッカーは私達が馴染んだ外的視点による対象言語で「企業の目的は顧客の創造」と翻訳してみせたのではないかとさえ思う。

IV. 行為哲学としての経営学の展開
——来るべき経営学の課題と方法——

経営と経営学は，現代社会の3つの大きな変動軸，情報化，グローバル化，エコロジカル化のいずれにも深くかかわってきた。これにどのような見方や立場をとるにしても，行為は価値選択を迫られる。その状況で経営体の経営（行為主体＝組織）は，「目的の決定と定式化，および確定した目的の遂行」を果たすべく行為せねばならない。ここに「来るべき経営学の課題と方法」が要請される。従来は，目的決定は価値決定だとしても，「確定した目的の遂行」は事実の領域であり，論理の問題だと考えられてきたからだ。

ウェーバーの「価値自由論」以来，これが科学と非科学（哲学）の分岐点

5 行為哲学としての経営学の方法

と受けとめられた。社会科学であろうとした経営学は，純粋な理論研究であれ，実践理論志向研究であれ，実証主義研究であれ，価値の問題を切り捨て，考察を事実領域に限定したのである。一般的には，バーナードの後継者と見做されているサイモンであるが，自らの科学観と方法論（論理実証主義）ゆえに，決してバーナードの道徳的創造論や行為的直観を受け入れなかった。

　しかし，経営の現実（経営行為が創り出す経営現象＝経営現場）は，価値と事実の領域は完全に融合しており，これを腑分けするのは不可能である。しかも，過去に獲得した知識，情報，そして自らの身体に埋め込まれたスキル（身体知）と当該経営現場で行為的直観として得た行動知があるとはいえ，知識と意思決定状況の間にはいささかギャップがあるのが普通だ。不完全な知識と情報のもとで，実務家は瞬時に決定しなければならない。彼らは，未来を見据えつつも，経営成果をいかにあげるかという潜在行為・現在行為に注意の焦点をおいている。判断の助けを得た現在行為による瞬時の知の適用は，「知のギャップ」を乗り越える「知の飛躍（＝行為直観的飛躍）」の試みであり，失敗しても「知の創造」には繋がる（致命的な失敗は避けねばならないが）。それを可能にするものが，判断基準として働く「歴史的反省の上に創造された経営哲学」にほかならない。

　行為者ないし行為主体である組織に帰属するこの哲学は，社会意識と響き合い，社会規範を反映し，社会価値を，独特に内在化した組織参加者の個人価値を通して，内包していることが内容構成の最低の要件である。この意味において，本稿では「来るべき経営学」を「行為哲学としての経営学」と構想する。それは，既に述べた「経営哲学と経営理論が表裏一体に繋がった経営理論にして経営哲学」であり，「馬から落馬」の類だが「行為経営学」とでも呼んでおこう。

　その原型はバーナード理論に既に示されているが，二つの方向で，「来るべき経営学とその方法」を示してみたい。

　一つは，近代科学の客観的・対象的理解を超えて，無意識で，身体内で，行動的理解をも統合する行為主体的方法に依ったバーナード理論を可能ならば鍛造・拡張して，現代の経営課題に則して新たに展開し直す方向である。成否はともかく拙著『バーナード経営学の展開』は，その一つの試みであっ

た。確かに，この方向は研究者の能力と問題意識が高いと鋭い切れ味をみせるが，新たな行動知や身体知を生み出す地盤がなく，その周辺的知さえも組み込めないという限界がある。凡人には容易に超えられない限界である。

　もう一つは，この限界を些かでも克服する方向での展開である。それがバーナード理論研究者と実証的経営学者との協働にほかならない。もっとも，この協働は容易ではない。両者が互いに研究をカバーしていないからだ。多くの場合，学説研究者は実証的研究を理解できず，実証経営学者は学説研究に関心がない。だが，一般には学説研究と見なされるバーナード理論研究であるが，それに終わらない。実務家が行為の観点から著した理論枠組は，何よりも実証主義的研究に必要だろう。とりわけフィールド調査を駆使する実証主義研究者が，そこに内的視点を学び，行為の観点から経営現場を解明する能力を備えれば，経営者や管理者へのインタビューもはるかに威力を増すに違いない。これによって，新たな行動知（的理解）や身体知（的把握）の掘り起こしや補給も期待できよう。それはいわば，行為主体的方法（行為的直観）の基礎をなす哲学と実証主義的方法を支える理論・科学との協働である。

　今日，バーナード理論研究の水準は，難解なバーナード理論や概念を実証研究者が使えるように提供できる段階にまで達しており，協働への道は切り開かれている。もちろん，科学観・方法論が異なる研究の接合は本来あり得ず，同一次元の融合や統合は不可能である。もっとも，この協働において主従の関係は明確で，本稿は両者の対等な関係を前提にしていない。基本的枠組と方法は，価値（哲学・道徳）と理論を統合したバーナード理論とその方法にある。まずバーナードの理論枠と方法に基づいて，潜在行為と現在行為から構成される現前の経営へ接近し，次に行為者（経営者・管理者など）へのインタビューをはじめ，フィールド調査で鍛えた実証主義的経営学の方法を活用しようというものだ。この逆に，実証主義的経営学の研究枠組のもとでの協働は，現象把握の範囲が限定されてしまうだけでなく，方法論的にもおそらく成立しないだろう。行為主体的方法は科学的方法よりはるかに広い現象を把握するからである。

　いずれにしても，過去を背負いつつ，未来を切り開く経営にその道筋を照らし出すのが経営学の実践性だとすれば，哲学・思想に導かれた行為主体的

(「現象把握・記述・行為化」)方法こそが，*経営学独自の学問性を成立させる経営学的方法*であり，科学的方法で補充した「行為哲学としての経営学」はここに成立する（図1）。

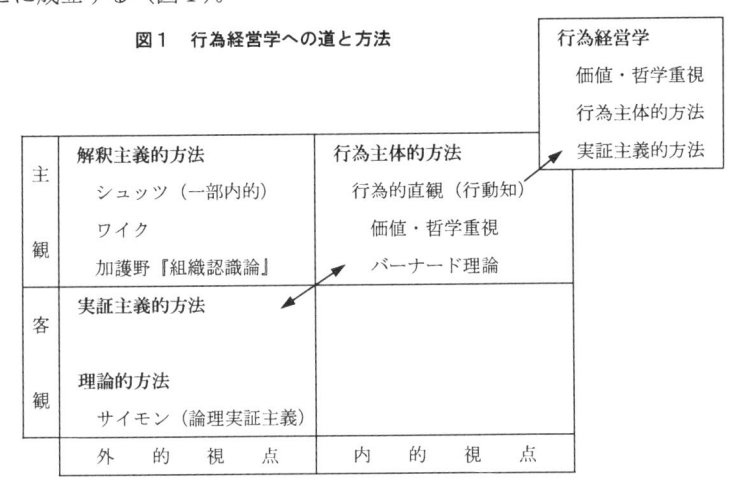

図1　行為経営学への道と方法

	解釈主義的方法	行為主体的方法	行為経営学
主観	シュッツ（一部内的） ワイク 加護野『組織認識論』	行為的直観（行動知） 価値・哲学重視 バーナード理論	価値・哲学重視 行為主体的方法 実証主義的方法
客観	実証主義的方法 理論的方法 サイモン（論理実証主義）		
	外　的　視　点	内　的　視　点	

参考文献

Barnard, C. I. (1938), *The Functions of the Executive,* Harvard University Press.（山本・田杉・飯野訳『経営者の役割』ダイヤモンド社，1968年。）
Barnard, C. I. (1948), *Organization and Management,* Harvard University Press.（飯野春樹監訳『組織と管理』文眞堂，1990年。）
Barnard, C. I. (W. B. Wolf and H. Iino eds.)(1986), *Philosophy for Managers,* Bunshindo.（飯野春樹監訳『経営者の哲学』文眞堂，1986年。）
Drucker, P. F. (1946), *The Concept of the Corporation,* John Day.（上田惇生訳『企業とは何か』ダイヤモンド社，2004年。）
Drucker, P. F. (1954), *The Practice of Management.*（上田惇生訳『現代の経営（上）』ダイヤモンド社，1996年。）
井上久男・伊藤博敏編著（2009），『トヨタ・ショック』講談社。
小笠原英司（2004），『経営哲学研究序説』文眞堂。
小林善光（2010），「今こそ役立つ経営学に」『日本経済新聞』（2010年8月16日朝刊）。
榊原清則（2002），『経営学入門［上］』（日経文庫）日本経済新聞社。
庭本佳和（2006），『バーナード経営学の展開』文眞堂。
沼上幹（2007），「アメリカの経営戦略論と日本企業の実証的研究」経営学史学会編『経営学の現在』文眞堂。
沼上幹（2000），『行為の経営学』白桃書房。
藤本隆宏（2005），「実証研究の方法論」藤本・高橋・他『経営学研究法』有斐閣。
山城章（1956），『経営価格政策』中央経済社。
山本安次郎（1961），『経営学本質論』森山書店。
山本安次郎（1967），「経営理論と政策」『経済論叢（京大）』第100巻第4号。

第Ⅲ部
論　攷

6 日本における経営学の思想と方法

三　戸　　　公

Ⅰ．はじめに

　経営学史学会は2011年度19回大会の統一論題を「経営学の思想と方法」と選定した。人文・社会関係の学会で，これまで自分達の専攻する学問の〈思想と方法〉を統一論題として論じたことがあったであろうか。経営学そのものをどこまでも広く・深く問うことを要求する題である。論題の趣旨説明は力稿であり，サブ・テーマⅠ「経営学が構築してきた経営の世界を問う」とサブ・テーマⅡ「来たるべき経営学の学的方法を問う」が設定せられている。経営の現実をどこまでも把握し，経営学の思想性をあらためて追求し，具体的にいかなる方法をもって経営学を構築するかの問題提起はサブ・テーマⅠとⅡを分けることを許さない。学問に国境なく国籍は無いと言われ，その問題がかつて取り上げられたことがある。そこにも思想性の問題が大きく伏在する。ここでは，育って来た日本における経営学研究の動向を見据えて，この論題に向かうことにする。

　日本における経営学の歴史は，前史を問わぬとすれば，19世紀の終りから20世紀の初頭にかけて成立して来たアメリカ経営学とドイツ経営学の導入によって，大正が終り昭和が始まる1926年に日本経営学会の設立という記念すべき年をもつ。その後の経過を〈骨はドイツ・肉はアメリカ〉の内容をもった経営学から〈アメリカ一辺倒〉と言われるような推移を辿って，今21世紀初頭あらためて新しい経営学の思想と方法が求められている，と言えるであろう。もちろん，〈骨はドイツ・肉はアメリカ〉と言っても，アメリカ経営学を専攻していた研究者もあり，〈アメリカ一辺倒〉と言ってもドイツ経営学を専攻していた研究者も少なくないことを断わることは必要ないかも知れぬ。

ともあれ，この三つの時期区分によって論を進める。

Ⅱ．骨はドイツ・肉はアメリカ

〈骨はドイツ・肉はアメリカ〉という表現は，日本の経営学の形成に少なからぬ寄与をした古川栄一のものである。同じ経営学と言っても，ドイツ経営学は経営経済学でありアメリカ経営学は管理学であって，同じく主たる研究対象を企業としながらも，両者は全く学問性格を異にする学である。何故，〈骨はドイツ・肉はアメリカ〉と表現されるような経営経済学の枠組みの中に管理論を内包する学を形成したのか。

ドイツ経営学は商科大学の設立に伴ない，大学教授達によって，国民経済学とは別の学問を創り上げるべく形成せられたものであり，アメリカ経営学は工場の現場の技師達による能率増進運動の中から形成せられたものである。商科大学・高等商業学校の教授の欧米の留学によって形成せられてゆく日本の経営学が辿る自然な成り行きというべきであろう。

骨をドイツに求めた日本の経営学は，ドイツ経営学がその成立に出会った問題を問題とせざるを得なかった。私経済学として国民経済学に対して出発したとき，国民経済学者達から"私的な金儲け学"は学問の冒瀆であり社会にとって不必要なものであると非難され蔑視された。これに対して，金儲けの負の側面を注視し，それに耐えうる学の形成に向った。経営学の自律性を求めて，それぞれの学者の逞しい営為は，シェーンプルークによって，三つの学派に分類された。規範論学派，技術論学派，理論学派が，それである。この分類は経営学の学問的性格を見事に画き出したものであると思う。シェーンプルークが規範学派と経験＝現実学派と大きく二つに分け，後者を技術論学派と理論学派に分けていることを付記しておく。

およそ学問はまずは対象認識の知的営為であり，法則性・規則性の発見とその体系的記述をなす理論の追求である。次に，人間は行為的存在であり，そこには機能性の追求，生産的行為においては生産性向上を目指す技術論。そして，人間は精神的存在として未来に向ってあるべき姿を求めるが，経営においても例外ではなく〈かくあるべし〉の規範が求め論じられる。

ドイツ経営学の特長として，いま一つ言うべきことがある。それは経営経済学における不可欠の要因としての簿記・会計学の包摂である。既存の商事経営における技術体系の中核部分である簿記・会計の生産的経営への脱皮・理論化がドイツ経営学が背負って来たものである。

　これに対して，工場管理学として出発した経営学は簿記・会計学を〈アカウンティング〉として，経営学とは別個の学問として現在に及んでいる。戦後ドイツ経営学もまた，アメリカ管理学を摂取・内包化の過程を辿っている。その意味では，〈骨はドイツ・肉はアメリカ〉は必ずしも日本経営学の特長とは言い得ないかも知れない。だが，日本の経営学が〈骨はドイツ・肉はアメリカ〉と言ったときの決定的な特長とも言いうるものは，それは依拠した経済学がマルクス経済学であったということである。マルクス経済学に依拠して経営経済学としての経営学の体系化を展開したのは，まさに日本独自の現象と言うべきか。どうしてこのような経営学が成立し展開して来たのであろうか。

　それには二つの事情が考えられる。一つは20世紀に入り第一次大戦・社会主義国家の成立・大恐慌を背景にして，後進資本主義国として目覚ましい発展とそれがもつ深刻な社会的諸矛盾はマルクス社会主義思想に大きく共鳴する社会情況があったということである。二つはマルクス経済学の卓越性である。先進欧米の学の導入に励んだ日本の学界は，ヨーロッパの学問的伝統に深く降り立ちそこから既存の経済学を徹底的に読んで体系化したマルクスに圧倒されたのである。しかも，彼の経済学は価値過程と労働過程の統合理論である。それはまさに，経営経済と協働体系＝管理の統合理論であり，まさに〈骨はドイツ・肉はアメリカ〉の日本の経営学そのものに相通じるものであった。

　もちろん，日本の経営学者の全てがマルクスに依拠したわけではない。だが，戦前大きな流れとして生成し，戦時中マルクス関係の本は禁書となり，戦後解放されて奔流となって支配的なものとなった。多かれ少なかれマルクスの影響下にあったと言いうるであろうか。山本安次郎『日本経営学五十年——回顧と展望』(1977)に，日本経営学会五十周年記念講演者として古林喜樂・山本安次郎・藻利重隆の三先生の写真が出ているが，そのことを象徴

的に示していると言いえよう。

　日本の経営学者は戦前その学を身につけた第Ⅰ世代，戦後経営学を学んだ第Ⅱ世代，そして第Ⅱ世代より学を受けた第Ⅲ世代，そして今第Ⅳ世代が登場という世代区分が出来る。第Ⅰ世代そして社会主義国家が蔟生し経済学部の講義がほとんど資本論中心に為された時代に学んだ第Ⅱ世代は，ドイツ経営学の創成期の問題をわが事として学んだ。すなわち，〈金儲け学〉の汚名から如何に脱するか。理論学派・技術論学派・規範論学派をどう考えるか。

　規範論学派は，その創始者ニックリッシュがナチスと関係したことから忌避され，あくまで理論学派であるべきが至当とされ，技術論学派は無視されざるものとしてこれをどうとらえるかが論じられた。

　この問題は解決されたであろうか。その後利潤のもつ負のイメージは払拭されたが，それに大きな役割を演じたのはドラッカーである。だが現在ふたたび大きく問題とされねばならぬ情況に立ち到っていることを注視しなければならない。

　そして，規範と技術と理論の3者は経営学にとっていずれも不可欠のものであり，しかも一体のものであることを銘記しなければならぬ。

　経営学の創成の苦しみをわが苦しみとし，これをマルクス資本論に依拠して最も見事に乗り超えて行った日本の経営学者が馬場克三である。会計学・労務論・財務論・株式会社論という経営学の主要な領域に優れた業績を残した彼が提起し後に〈五段階説〉と呼称せられる彼の〈方法論〉は，経営学の新しい地平が要覧される現在においてなおあらためて見直さねばならぬものをもっている。

Ⅲ. アメリカ一辺倒——科学的管理，主流と本流——

　第Ⅰ世代そして第Ⅱ世代は，〈骨はドイツ・肉はアメリカ〉の経営学を個別資本説＝批判経営学を主力として展開したが，アメリカ経営学の目覚ましい発展の奔流は占領下の日本に波及し，〈アメリカ一辺倒〉に代って行った。その決定的な根拠は，ドイツ経営学とアメリカ経営学とは企業を主たる対象と

して出発しながらも経営経済学と管理学とは決定的に基本的性格を異にする学問であることによる。すなわち，経済学は価値＝経済的価値を基礎において展開される学問であり，管理学は組織を基礎において展開される学問であるからである。

アメリカ経営学がそのことを意識し自覚的にその道に進み始めたのは，バーナード組織論に依拠して意思決定の科学をうち立てたときからである。そして，アカデミズムの世界とは別個の道をとって独自の管理論を展開したドラッカーである。そして，そのドラッカーもまたバーナード組織論に依拠して出発したことは否めない。テイラーも，メイヨー＝レスリスバーガーも，ファヨールも個別資本説はほとんど引っかかるものも無く包みこむことが出来た。

日本において，「バーナード＝サイモンを読むことこそこれからの道だ」と言ったのは馬場敬治であり，その道をブルドーザーのように進んだのが占部都美である。第Ⅰ世代は移行することはなかった。第Ⅱ世代はある者は移行し，ある者は移行しなかった。アメリカ一辺倒は第Ⅲ世代によって何のためらいもなくその道を進んで現在に到っている。

アメリカ経営学＝管理学＝マネジメントはいかなる思想・いかなる方法をもつ学問であろうか。私はアメリカ管理学をテイラーによって大きく基礎を据えられた科学的管理であり，その後の一切の発展はその枠内のものである，とドラッカーと同じように把握する。異なるところは，テイラー以降の発展を主流と本流の二者に分けて把握することにある。主流と本流とを説明する前に，テイラーの科学的管理が人類史を画する大きな意味をもつものであることについて一言しなければならない。それは，人間の知的世界に科学が生れ，その科学が真理追求の知である段階からその知を利用しながら目的達成の為の知としての手段的な知，機能性追求の知的段階，応用科学・設計科学へと進んで来たその象徴的な出来事と把握されるべきものである。そのことを，彼は自覚していた。彼は彼の自負する作業の科学を梃子とする課業管理をテイラー・システムと呼ばれることを嫌い，科学的管理と呼称し「科学的管理の父」の墓碑銘を望んだ。

彼の管理学は理論であり，技術であり，規範である。彼の歴史を変える彼の管理が既存の社会に容易に受け入れられなかったのは当然である。彼が議

会特別委員会の査問の席に立ったときの,「〈対立からハーモニーへ〉と〈経験から科学へ〉こそ科学的管理の本質であり,その一方を欠いては科学的管理ではない」との言明は,非難をかわす消極的なものと受け取られるべきものではない。この二命題を生んだ思想は,アメリカ産哲学であるプラグマチズムであり,親ゆずりのクエーカー（キリスト教）であり,更に彼が現場の職工から出発して技術者となりながら大学教育を受け,現場と研究を両立・融合し大成した経歴を無視することは出来ない。

　科学的管理のその後の発展は,その本質である〈対立からハーモニー〉と〈経験から科学〉の二命題の両者を踏まえて進んだ本流と後者を主として進んだ多数派の主流の二者に分けて把らえることが出来る。主流は管理の諸領域を次々に科学化して現在に及んでいる。まずは,作業の科学のテイラーが創設した領域はガント,ギルブレイス等によって引き継がれ管理下に置かれる一切の作業,仕事が科学の対象化され,続いてインフォーマル・フォーマルの組織がメイヨー・レスリスバーガー,フォーマル組織がバーナードによって科学の対象とされ,更にサイモンが意思決定の科学を開拓し,コンティンジェンシー・セオリーと称される一群の学者によって組織にかかわる限りの環境が科学化されるに到って,それぞれの領域が進化せられつつある。

　管理の諸領域の全体が科学的に把握された段階に進んだとき,テイラー・システムと言われていた科学的管理はシステム・アプローチをもって組織論を意識的に構築したバーナードを超えたシステム・アプローチによって飛躍的段階に達することになった。それはこれまで排除して来たファヨールの古典派＝プロセス・スクールを再生せしめつつ自己組織システムとして協働体系を自己言及・自己再生の循環的自己組織システムとして把握する認識に到達したのである。情報と資源（人的・物的）の二要素からなる自己組織システムとしての協働体系の管理論のあるべき方向の認識は始まったばかりである。日本と同じようにドイツ経営学のアメリカ管理論の摂取の道を歩んでいるドイツ経営学は,さすがにこの問題に十分な留意を示しているかに見える。

Ⅳ．本流の巨人ドラッカー

　さて，テイラーによって創り出された科学的管理の本流は，主流派がひたすら進む科学化・機能性追求と人間化・ハーモニーの第一命題の実現を目指す。フォレットの統合論はまさに管理はつまるところ対立・コンフリクトの解決であり，それは抑圧・妥協ではなく統合でありハーモニーこそ最も人間的であり同時に生産的・機能的な解決方法だと説き，テイラーを継ぐものと自認した。バーナードは組織の科学化に巨石を据えて管理学の自立に最大の貢献をすると同時に，全人仮説を立てて人間の人格的側面を科学的処理を超えた存在たることを銘記した。

　バーナードを管理論の主流に引っぱり出したのがサイモンだが，管理論の本流にバーナードを再生させて登場したのがドラッカーである。彼ほど多くの本が読まれ〈マネジメントの発明者〉と評され，「自らもテイラーを産業革命を越えた生産性革命の先導者と位置づけ，それを越えたマネジメント革命の先導者」と自認した人物である。その彼をマネジメント論の主流は，これまでほとんど，彼から学び彼を論ずることをしなかった。何故であろうか。答は簡単である。彼は主流派すなわち機能性追求の理論的研究の専門家集団＝大学教授たちとは全く別のマネジメント論者であったからである。彼は理論家であると同時に技術論者であり，更に大きくは規範論者であったからである。しかも，経営学者の誰もがテイラーの科学的管理の枠を越え得ないと同じように，主流派の誰もが彼の利潤論・企業目的論（顧客の創造）・その手段のマーケティングとイノベーションに意識的無意識的に立脚して機能論的理論研究を競っている。

　主流派研究者が明確な経済学的企業観をもつことなく立論しているのに対して，彼はあくまで現実に即した企業経済論・独自の制度論に立ってマネジメントを論じた。それは，組織社会・知識社会が急速に進展しはじめ，そこにおける決定的に最重要な学としてのマネジメントを〈自由と機能〉の唱導をもって冷戦下の時代の巨大な牽引車の役割を演じたものであった。その学は，組織社会・知識社会が続くかぎり，生き続けるであろう。

だが，彼の理論はソ連社会主義国家群の崩壊・冷戦の終結とともに，その限界を顕にすることになった。彼は第一次大戦，ソ連社会主義国家の成立，29年大恐慌，ナチズムの抬頭を「経済人の終焉」「産業人の未来」ととらえ，第二次大戦を産業社会を独裁か自由かいずれを指導理念とするかの戦争ととらえた。そして，先進資本主義国と言われている国々は70年代においては労働者のものである年金基金が支配的な所有者となっている年金基金社会主義が既に〈見えざる革命〉を経て成立していると論じた。だが，冷戦終結後の新自由主義イデオロギーによって展開しはじめた資本制社会の新たな様相，企業不祥事の頻発，企業の社会的責任と企業倫理の要請，コーポレート・ガバナンスの制度的要求，社会的不安の増大，企業の持続性の問題の浮上に，彼は黙視するを得ずして〈資本主義の危機〉とこれを表現せざるを得なかった。彼は言う。「自分はこれまで資本主義を支持して来たことはない。支持して来たのは市場経済である」と。

　ドラッカーが全面的に支持して来た市場経済の危機である。資本主義の危機を感知したドラッカーは市場経済と資本主義そして資本制経済との関係についての認識が不十分であったのである。ソ連社会主義国家群の解体がなかったら，新自由主義の唱導そして新しい資本主義の段階的発展を迎えることはない。ドラッカーが自分の理論の限界を知ることなく生を終えることが出来たであろう。市場経済・資本制社会そして資本主義と社会主義との関係についての根本的認識について社会主義国家群もまた十分な認識をもつことがなかった。そのことがその体制の崩壊を招いたと言ってもよいであろう。

V. ドラッカーと現代資本主義

　ドラッカーをして限界を自認せしめた20世紀来の経済・社会の情況は，21世紀に入って間もなく起ったリーマン恐慌によって誰にとっても危機を感得せしめるものとなった。これを如何なるものと把握し，経営学はこれに如何に対応するか。ドラッカー「私が支持して来たのは市場経済だ」と言ったが，市場経済が新しい段階に入って来たのである。市場経済は商品と貨幣によって成り立つ経済の仕組みであるが，商品がその本来的形態たる労働生産物で

あった第Ⅰ段階から，労働生産物ならざる労働＝労働力＝人間が商品となり，大自然の一部である土地が商品として売買せられるようになった第Ⅱ段階に進展し，更に現在新しい第Ⅲの商品形態が登場し急速な勢いで市場を席巻しつつある。

　本来的な商品経済の段階において商業資本・貸付資本が生まれ，地域市場から国内市場そして国外市場にまで発展するが，血縁的・地縁的共同体を崩壊せしめるには到らなかった。だが，本来的商品の労働生産物に擬制されて労働力と土地とが商品化されたとき，土地と結ばれた共同体は崩壊し産業資本が成立し，社会的企業の資本制社会が形成され，資本主義というイデオロギーによって発展してゆく。

　20世紀に入り資本主義社会における諸矛盾は，第一次大戦，社会主義国家の成立，大恐慌，資本主義の修正，第二次大戦，冷戦体制，社会主義諸国家の崩壊，そして新自由主義による新しい商品形態・資本形態の出現，リーマン・ショック大恐慌である。

　本来的な商品が商業資本と貸付資本を生み，本来的商品になぞらえられた擬制（fictitious）商品が産業資本を生み，そして今新たに本来は商品ではない実体をもたぬ商品のデリバティヴ＝金融派生商品が架空（virtual）商品として出現して来た。労働生産物も土地・人間労働力もいずれも実体である。擬制資本と言われる資本形態もなお実体資本の価値変動に連動する資本であるが，デリバティヴ＝架空商品およびその売買によって成立する架空資本は実体から引き離された無内容でありながら，しかもなお売買され価値増殖される現実資本となる。

　株式という権利証券は，議決権・配当請求権・残余財産分配権を内容とするものであるが，それが市場において取引され商品化され，擬制商品・擬制資本となり，そこに未来価格の予測にかける投機の領域が成立する。この投機の領域が知識社会・IT社会の進展とともにゲームの領域と化し，予測の優劣によって確実に利を上げうる資本の領域と化したのである。

　知識こそ企業＝資本の最も価値ある要因となり，企業価値の未来予測にかかわる金融工学からノーベル賞学者を生むまでに進んだとき，権利証券はその未来価格の上下にかかわりなくその予測の当否のみが競われる領域と化し，

架空の実体の無い資本が投機の領域に生れ，巨額の利を上げる第Ⅳの資本形態として出現したのである。そして，この架空資本は1990年代に出現し，2010年には既に実体資本の10倍を越すと言われる。それはグローバルなインターネットと電子マネーというITによってはじめて可能となった世界である。情報の本質は〈差異〉であり，情報は〈差異〉である。〈差異〉そのものが商品化したのである。架空資本・情報資本と呼称してもよい。

　ドラッカーは，資本主義の復活を憂慮しつつ逝った。経済人は終焉してはいなかったのである。

Ⅵ. むすび

　ただ売買の差額である利潤を得るだけを目的とする架空資本＝情報資本に翻弄される実体経済・企業はどうなるのか。企業だけではなく国家の存続もこれと無縁ではないが，その随伴的結果はその全貌を見せていない。

　総資本と個別資本の相関的把握なしには個別企業の存続も難しくなって来た。この時，総資本と個別資本との関係を最も抽象的レベルから具体的なレベルを5段階に分けて把握し，意識性の問題にまで言及した馬場克三〈五段階説〉を想起せざるを得ない。しかもそれを，理論・技術＝戦略・規範の経営学として構想しなければならない。

(付記)
　この稿は，大会においては「フクシマ原発事故」についても言及したが，予稿として提出したものをそのまま再録。

参照文献
三戸　公（2009），「日本の経営学，その過去・現在そして」『中京経営研究』第19巻第1号。
三戸　公（2010），「現代文明の転換過程を読み解く」『書斎の窓』有斐閣，2010年12月号。
三戸　公（2011），「個別資本説の新次元」『中京経営研究』第20巻第1・2号。
三戸　公（2011），『ドラッカー，その思想』文眞堂。

7　組織の自律性と秩序形成の原理

髙　木　孝　紀

Ⅰ．はじめに

　現代の社会状況は「機能優先社会」（近代）から「意味充実社会」（ポストモダン）へと変化している（今田 1986, 2001, 2005）。こうした社会状況の変化に伴い，効率性や合理性を優先する組織観が批判され，部分の自律性を強調する組織が提示されるようになった。しかし，ポストモダンにおける部分の自律性を強調する組織はモダンとの関係を論ずることなく，部分の自律性に議論の焦点があてられているために，組織全体としてどのように秩序が形成されるのか明確に整理されていない。

　本稿の目的は，部分の自律性を強調する組織として代表的に議論されてきた，緩やかに結びついたシステム（Loosely Coupled System, 以下 LCS と略す），ネットワーク，リゾームがどのように秩序形成されるのかを明らかにすることである。そこで，秩序や全体性の問題を包括的に扱う一般システム理論（General System Theory, 以下 GST と略す）を組織論に用いて，分化された組織を統合するとき階層が出現し，さらに階層は2つの側面をもつことを示して，組織の秩序形成の理論構築を行う。そして，LCS，ネットワーク，リゾームの学説を整理しながら，それぞれの分化，統合について検討し，組織の秩序形成には階層が不可欠であることを示す。

Ⅱ．組織の原理

1．GSTの歴史
　GSTの起源である有機体論は，システム全体として生物を観察し，さまざ

まなレベルで生物組織の諸原理を発見することを目的とする。そして，有機体論からオープン・システムの理論が展開された。環境と相互作用するオープン・システムは定常状態（steady state）にあり，負のエントロピーとなるため，より高度な秩序である組織化に向かって進むことができる。

さらに，異なる分野における構造上の同形性が明らかになり，オープン・システムの一般化がなされた。一般化されたシステムには，システムの種類，要素の性質，要素間の関係にかかわらず適用可能な原理と法則が存在する。つまり，GSTとは，システム一般に対する原理を定式化し導き出すことである（Bertalanffy 1949, 1967, 1968）。

以上のことから，オープン・システムは秩序形成の理論を提供し，同形性は理論適用の一般性を提供する。ゆえに，GSTは秩序形成にかんする組織の原理を考察する上で有用な指針となる。

2．組織の原理

GSTから導き出される組織の原理には2つのプロセスがある。第1は前進的分化（progressive segregation）である。これは，システムが全体性をもつ状態から部分であるシステムの各要素が相互に独立の状態となり，システムが独立した因果連鎖に分裂することである。システムは分化することで，部分がある一定の作用に固定され，全体としての調整能力が失われる。

しかし，システムは分化したとしても，依然として統一的な単位体である。それゆえ，第2のプロセスは前進的集中化（progressive centralization）である。これは，ある一定の部分が主導的に全体の振る舞いを決定することである。前進的集中化による主導的部分の出現は，システムを組織として統一的なものにする。組織は一つのまとまりをもつシステムとして定義されるものであり，前進的分化は前進的集中化と結びつく（Bertalanffy 1968）。

以上の前進的分化と前進集中化は，組織編成の原理である分化と統合に相当する。組織は，環境と相互作用しながら，分化と統合によってまとまりをもつシステムとして秩序を増していく（岸田 1986）。

3．階層の出現

システムが前進的分化と前進的集中化により秩序を増していくとき，階層が出現する。階層は，システムの構成要素が次の下位レベルのシステムになるという形で存在する。階層構造による高次のシステムの出現が全体としての実在の特性である（Bertalanffy 1968）。

　これまで階層に対して多くの批判がなされてきた。なぜならば，階層は個人の自律性や創造性を奪い，与えられた目標を達成するよう人々に強いるからである（今田 2001；Checkland 1981；Lipnack and Stamps 1982）。このように，階層が多くの場合，高さあるいは低さの程度を示すものであるという傾向は，組織にとって階層のもつ基本的な意味を隠してしまう（Thompson 1967）。ここでは階層をたんなる上下関係でないことを捉えるため，階層における2つの側面を示す。

　第1に，階層とは，より包括的なクラスター化であり，各構成要素の範囲を超えるような調整の諸側面を取り扱っている（Thompson 1967）。階層は統合の基本形であり，下位レベルである部分のコンフリクトを上位レベルである全体でより安定的に統合する（岸田 1986）。このことから，組織には包括的視点という意味での階層を含むことが指摘できる。第2に，階層とは，下位レベルの部分が主観的に上位レベルである全体を意識して行動することである。これは，部分のなかに全体が反映されていることをあらわす（岸田 1992）。それゆえ，階層には上位レベルの全体が下位レベルの部分に対して包括的視点をもつ側面と，下位レベルの部分から上位レベルの全体を意識する側面がある（図1）。

図1　階層の構図

　ここまで，GSTを通して組織の原理を明らかにすることで，組織における分化と統合，それによる階層の出現を確認し，階層における2つの側面を指摘した。分化した組織が統合されるとき，階層は2つの側面をもつことで組織に秩序がもたらされる。

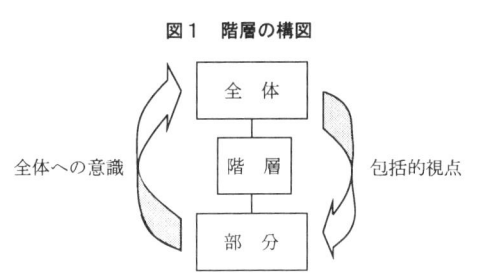

III. LCS

以上の分化と統合による階層の出現がもっとも明確な形で現れるのは，LCSである。LCSは，階層を否定的に扱うネットワークやリゾームと異なり，階層を前提として組織を形成する。

1. ルース・カップリングと LCS の機能

ルース・カップリングは要素間の共通変数が少なく，共通変数が各要素に与える影響が弱い（Glassman 1973）ため，各要素はそれぞれ独自のアイデンティティと物理的もしくは論理的分離性を保持する（Weick 1976）。そして，LCS[1]は下位システムである構成要素が緩やかにつながりながら，システムとして一つのまとまりを形成している。

このことから，LCS は主に 2 つの機能をもつ。第 1 は適応可能性（adaptability）である。LCS が適応可能性の源泉であるのは，下位システムがそれぞれ独自性をもち，多くの変異や新奇な解決策を保持するからである（Weick 1976, 1982）。第 2 は局地的適応である。LCS は多様に分離した環境に直面するとき，どの下位システムも他の下位システムに影響を及ぼすことなくそれぞれの環境に適応することができる（Weick 1982）。

2. LCS の分化と統合

以上の機能をもつ LCS は次のように分化，統合される。LCS はゼネラリストに分化され，下位システム間の独立性を生み出す。そのため，下位システムは自己充足的となり，専門性よりも全般的な能力を強調することで，他との結びつきが弱くとも生存することができる（Weick 1982）。

LCS の統合には次の 2 つがある。第 1 は論理の前提（presumption of logic）である。論理の前提は中核的信念であり，ルースな事象を結びつける基礎となる（Weick 1982）。それは，組織の成員が自己の役割にかんする前提をもつことにより，組織の活動を秩序だって行うからである（Meyer and Rowan 1977）。これは，部分である組織の成員のなかに組織全体が意識されているこ

とを意味する。第2は階層による調整（岸田 1989）としてのメタマネジメント（metamanagement）である。メタマネジメントでは，管理者は業務構造よりも意思決定構造をデザインする。そして管理者は，意思決定をするグループに目的を伝え，その意思決定に組織全体への考慮がなされているかを確認する（Kuhn and Beam 1982）。

以上のことから，ゼネラリストに分化されたLCSには，部分から全体を意識する論理の前提に加えて，組織全体という包括的視点からの統合であるメタマネジメントがあり，階層を前提として組織が形成される。

このようなLCSの具体的事例として大学があげられる。大学では，研究や教育がそれぞれ自己充足的な部門へと分化され，学部間の相互依存性は低い。そのため，大学の各学部が多くの意思決定を行い，各専門分野への適応に優れている（Clark 1983）。大学の統合は，論理の前提として研究者の専門職意識の神話と，メタマネジメントを行う大学の管理者である。前者は，一定以上の経歴をもつ研究者が大学に対して有する信念である（Meyer and Rowan 1978）。後者は，管理者としての学長が，大学全体の理念から資金および人事案件の最終承認を行うことである（Kuhn and Beam 1982; Weick 1985）。

IV．ネットワーク

ネットワークでは，階層の存在を前提として議論するLCSとは異なり，階層を排除すべきものであるとする。しかし，実際にはリゾームのように非階層を主張せず，ネットワークにおける階層の位置づけは依然としてあいまいであり，その議論を回避する傾向にある。

1．ネットワークの定義と特徴

ネットワークの定義は論者によってさまざまであるが，本稿ではネットワークの自律性・多様性を強調するため，ネットワークを「自律的な部分が網状でつながり，全体のアイデンティティを保ちながら相互作用している一つの統一体」（朴 2003, 10頁）と定義する。ネットワークの分析レベルは主に組織間であるが，ネットワークはたんなるつながりではなく，一つの主体とし

て活動する。

以上のように定義されるネットワークには3つの特徴がある。第1は主体的な参加である。各メンバーはネットワークに属することを主体的に判断する（金子 1986；寺本 1990）。第2は分権化である。ネットワークでは権限は集中されず，メンバーの誰でもリーダーになる可能性がある（Miles and Snow 1995）。第3は目的・価値の共有である。ネットワークではメンバーの行動が発散しないように，少数の重要な目的・価値の共有化がなされる（今井・金子 1988；寺本 1990；Lipnack and Stamps 1982）。

2．ネットワークの分化と統合

ネットワークでは製品の開発，製造，マーケティング，流通といった単一の組織で行われるような職能が，それぞれ独立した組織によって遂行され，各組織の専門能力を発揮する機会が重視される。そのため，ネットワークはスペシャリストに分化され，各メンバーは必要に応じてそのつど決まる（寺本 1990；Miles and Snow 1986；Snow, Miles and Coleman 1992）。こうした専門分化は，異なる専門能力をもつ他の要素との相互依存性を増大させ，要素間の関係をタイト化させる（Weick 1982）。

ネットワークの統合は次の2つである。第1は前述した目的・価値の共有である。目的や価値の共有により，部分であるネットワークのメンバーがネットワーク全体の目的や価値を意識して行動する。第2は調整である（今井・金子 1988；寺本 1990；Miles and Snow 1986）。なぜならば，複数のメンバーから構成されるネットワークでは，二者関係と比べて問題解決の仕組みもより複雑になるため，コンフリクトを解決する調整者が必要になるからである（張 2004）。メンバー間でコンフリクトが発生した場合，調整者はネットワーク全体の有効性を高め，相互利益を維持することを考えて交渉する（Galbraith and Lawler III 1993）。これまでのネットワーク論では調整と階層の関係が不明確であったが，これは，調整者が包括的視点という意味での階層をもちコンフリクトを解決することを示している。

以上のことから，部分である各メンバーはネットワーク全体の目的・価値にもとづいて行動し，他方，調整者はコンフリクト解決のために他のメンバー

よりもネットワーク全体を見渡す包括的視点をもつことから，ネットワークの秩序形成には階層が存在するといえる。

ネットワークの具体的事例として異業種交流グループがあげられる。異業種交流グループでは，業種や技術分野の異なる中小企業がさまざまな革新を追求するために，新しい組織を形成する（寺本 1990）。グループのメンバーは，それぞれ高い専門性をもつことで自律性を維持する。異業種交流グループの統合は次の２つである。第１に，たとえば新技術や新製品の開発といったグループの目的が明確に共有され（小川 2000；寺本 1990），メンバーがそれにもとづいて行動することである。第２に，調整者であるオーガナイザーは，メンバーの識別・選定を行い，グループ活動の内容を充実させグループ全体をとりまとめる（中熊・山際・安藤 1984）。

V．リゾーム

今田（2001, 2005）は，ネットワーク論には既存のネットワークを変え，自ら変態していく自己組織化の原理が含まれていないとして，ネットワークよりもさらに部分の自律性を強調し，非階層システムであるというリゾームを提示する。

１．リゾームの特徴

Deleuze and Guattari（1980）によって提示された概念であるリゾームは，ほんらい球根や蓮根といった地下茎であり，あらかじめ与えられた成長目標がなく恣意的な伸び方をする。そのため，リゾームとは，秩序だった発想に収まりきらない現象であるゆらぎを取り込んだ反制御のシステムである（今田 2001, 2005）。

リゾームには４つの原理がある（今田 2001）。第１は脱管理の原理であり，リゾームは全体を管理するセンターの存在を認めない。第２は自在結合の原理であり，要素の関係は恣意性と異質性にもとづいている。第３は偶必然性の原理であり，どの要素と結びつくのかは偶然であるが，要素と結びつくことは必然である。第４は自生的秩序の原理であり，要素の協同現象によって

秩序が形成される。以上の4つの原理の背後にあるのは、差異化の運動である。差異化の運動には、① ゆらぎの発生と ② ゆらぎからの秩序形成という2つのプロセスがあり、それぞれリゾームの ① 分化と ② 統合に相当する。

2. リゾームの分化と統合

リゾームでは脱管理の原理により制御が極小化され、差異化の動機をもつ創造的個がゆらぎである分化を起こしやすくなっている（今田 2005）。差異化を試みる個がシステムに異質性を注入してゆらぎを引き起こし、システムを励起状態に導く（今田 2001）。こうした少数者が異なる意見を表明し続けると、多数者は次第に揺さぶりを受け、既存の価値観や体制などを問い直さざるを得なくなる（古川 1990）。ただし、ゆらぎとしての分化がどの方向へ生じるか事前に決定できない。また、自在結合の原理や偶必然性の原理により、要素間の相互作用は高くなったり低くなったりする。

リゾームの統合には次の2つがある。第1は自己言及性である。自己言及性とは、部分である当の差異化が全体である既存の差異に立ち返り、差異の働きを認識することである（今田 1986）。そのため、ゆらぎはランダムではなくある方向性をもつことで、システムに系統的な歪みをもたらす（今田 2005, 2008）。第2は編集である。編集とは個々の差異を容認したうえで、それらを相互に関係づけ、共生可能な新しい意味を生成することである（今田 1994, 2005）。編集することで、同じ素材を用いたとしても、全体のレイアウトによってまったく異なる意味が現れる（西岡 1991）。今田（1994, 2005）は編集者の階層について言及していないが、編集者が全体である新しい意味を創造するために部分である差異を活用することは、各要素よりも包括的な視点としての階層をもつことを意味する。

以上のことから、リゾームではどの方向に分化されるか事前に決定できないが、その統合は自己言及性と編集である。それは、部分である個がゆらぎを組織全体との関係で考え、また編集者が包括的視点から差異を相互に関係づけて新たな意味を生成することから、リゾームにおける階層の存在を指摘することができる。

リゾームの具体的事例として、ラグビー日本選手権で7連覇（1989-95年）

を達成した神戸製鋼ラグビーチームがあげられる（今田 2005, 2008）。分化であるゆらぎの発生は，個人能力の優先，メンバーの大胆なコンバートによるポジションの機能を転換したことなどである。神戸製鋼チームの統合は次の2つである。第1は自己言及性により，それぞれのゆらぎを格闘技としてのラグビーから，パス主体の球技へと意味づけ直したことである。第2は主将である平尾誠二が編集者となり，選手の技量と個性に応じたチーム戦略と出場メンバーを決定していたことである。

VI. 結 語

本稿では GST を用いて分化，統合，そして階層という組織の原理を明らかにし，たんなる上下関係を意味するのではなく，部分から全体への意識，全体から部分への包括的視点という階層のもつ2つの側面を示すことで，秩序形成の理論構築を行った。そして，部分の自律性を強調する3つの組織の特徴を述べ，どのように分化，統合されているかを示し，それらの組織にも階層が存在することを指摘した。分化のあり方は部分の自律性と関係するが，それぞれの自律性の源泉は，自己充足性（LCS），専門性（ネットワーク），差異化（リゾーム）である。そして，これまで部分の自律性を強調する組織の統合として，部分が全体を意識することによる秩序形成が主張されることはあっても，包括的視点という意味での階層は明確に位置づけられてこなかった。しかし，管理者（LCS），調整者（ネットワーク），編集者（リゾーム）は包括的視点という意味での階層をもち，組織にまとまりを与えている。それぞれの役割は，管理者がゼネラリスト間の資源配分，調整者がスペシャリスト間のコンフリクト解決，編集者が差異の共生を可能にする新たな意味の創造である。

　階層は部分の自律性を制限するかもしれないが，自律性の過度の強調は組織の発散をまねくおそれがある。自律性といってもすべて自己決定できるわけではなく，実在の一部に対応しない何ら正当性をもたない環境の知覚は，組織を消滅に導くだけである。階層は部分の自律性を強調する組織においても不可欠であり，秩序形成の根本原理といえる。

最後に，本稿に残された課題として階層構造にかんする問題がある。本稿ではおもに Bertalanffy（1968）と Thompson（1967）に依拠しながら階層を上位である「全体」と下位である「部分」との関係で論じたが，「部分」が並列構造となる「全体」という側面を議論することで，「部分」から「全体」が形成される可能性が開かれる。

注
1) LCS の考え方の基礎となる組織化の進化モデルにかんする議論は，岸田（1999）を参照。

参考文献
外国語文献
von Bertalanffy, L. (1949), *Das Biologische Weltbild I*, Bern.（長野　敬・飯島　衛訳『生命』みすず書房，1974年。）
von Bertalanffy, L. (1967), *Robots, Men and Minds*, George Braziller.（長野　敬訳『人間とロボット』みすず書房，1971年。）
von Bertalanffy, L. (1968), *General System Theory*, George Braziller.（長野　敬・太田邦昌訳『一般システム理論』みすず書房，1973年。）
Checkland, P. B. (1981), *Systems Thinking, Systems Practice*, John Wiley & Sons.（高原康彦・中野文平監訳『新しいシステムアプローチ』オーム社，1985年。）
Clark, B. R. (1983), *The Higher Education System*, University of California Press.（有本章訳『高等教育システム』東信堂，1994年。）
Deleuze, G. and Guattari, F. (1980), *Rhizome, extradite de Mille Plateaux*, Editions de Minuit.（豊崎光一訳・編集『リゾーム』エピステーメー臨時増刊号・覆刻版，朝日出版社，1987年。）
Galbraith, J. R. and Lawler III, E. E. (1993), *Organizing for the Future*, Jossey-Bass.（寺本義也監訳『21世紀企業の組織デザイン』産能大学出版部，1996年。）
Glassman, R. B. (1973), "Persistence and Loose Coupling in Living Systems," *Behavioral Science*, Vol. 18, No. 2, pp. 83-98.
Kuhn, A. and Beam, R. D. (1982), *The Logic of Organization*, Jossey-Bass.
Lipnack, J. and Stamps, J. (1982), *Networking*, Doubleday.（正村公宏監修・社会開発統計研究所訳『ネットワーキング』プレジデント社，1984年。）
Meyer, J. W. and Rowan, B. (1977), "Institutional Organizations: Formal Structure as Myth and Ceremony," *American Journal of Sociology*, Vol. 83, No. 2, pp. 340-363.
Meyer, J. W. and Rowan, B. (1978), "The Structure of Educational Organizations," in Meyer, M. W. and Associates ed., *Environments and Organizations*, Jossey-Bass.
Miles, R. E. and Snow, C. C. (1986), "Network Organizations: New Concepts for New Forms," *California Management Review*, Vol. 28, No. 3, pp. 62-73.
Miles, R. E. and Snow, C. C. (1995), "The New Network Firm: A Spherical Structure Built on a Human Investment Philosophy," *Organizational Dynamics*, Vol. 23, No. 4, pp. 5-17.
Snow, C. C., Miles, R. E. and Coleman, Jr. H. J. (1992), "Managing 21st Century Network Organizations," *Organizational Dynamics*, Vol. 20, No. 3, pp. 5-20.
Thompson, J. D. (1967), *Organizations in Action*, McGraw-Hill.（高宮　晋監訳『オーガニゼー

ション　イン　アクション』同文舘, 1987年。)
Weick, K. E. (1976), "Educational Organizations as Loosely Coupled Systems," *Administrative Science Quarterly*, Vol. 21, No. 1, pp. 1-19.
Weick, K. E. (1982), "Management of Organizational Change Among Loosely Coupled Elements," in P. S. Goodman ed., *Change in Organizations*, Jossey-Bass.
Weick, K. E. (1985), "Sources of Order in Underorganized Systems : Themes in Recent Organizational Theory," in Y. Lincoln ed., *Organizational Theory and Inquiry*, Sage.

日本語文献
今井賢一・金子郁容 (1988),『ネットワーク組織論』岩波書店。
今田高俊 (1986),『自己組織性』創文社。
今田高俊 (1994),『混沌の力』講談社。
今田高俊 (2001),『意味の文明学序説』東京大学出版会。
今田高俊 (2005),『自己組織性と社会』東京大学出版会。
今田高俊 (2008),「人と組織のエンパワーメント」渡辺聰子・ギデンズ, A.・今田高俊『グローバル時代の人的資源論』東京大学出版会。
小川正博 (2000),『企業のネットワーク革新』同文舘。
金子郁容 (1986),『ネットワーキングへの招待』中央公論社。
岸田民樹 (1986),「一般システム理論と組織論」『経済論叢』第137巻第1号, 22-41頁。
岸田民樹 (1989),「組織化とルース・カップリング」『経済科学』第37巻第2号, 1-24頁。
岸田民樹 (1992),「ルースリー・カップルド・システムとその組織の生成」『経済科学』第39巻第4号, 125-144頁。
岸田民樹 (1999),「組織学説史分析序説」『経済科学』第47巻第3号, 1-20頁。
張　淑梅 (2004),『企業間パートナーシップの経営』中央経済社。
寺本義也 (1990),『ネットワーク・パワー』NTT出版。
中熊祐輔・山際有文・安藤清人 (1984),『異業種交流』日刊工業新聞社。
西岡文彦 (1991),『編集的発想』JICC出版局。
朴　容寛 (2003),『ネットワーク組織論』ミネルヴァ書房。
古川久敬 (1990),『構造こわし』誠信書房。

8 HRM 研究における研究成果の有用性を巡る一考察
——プラグマティズムの真理観を手掛かりにして——

櫻 井 雅 充

Ⅰ．はじめに

　HRM（Human Resource Management：人的資源管理）研究は，実践とは異なる学術的な立場から人の管理を論じてきた（Steffy and Grimes 1992）。しかし，近年では，HRM 研究によって導かれた成果が参照されないという事態が生じている（Delbridge and Keenoy 2010, p. 799）。その結果，研究と実践の間に生じる乖離（Research-Practice Gap）が問題となり，HRM 研究の成果が役に立つことに対する懐疑が生じることになった（Editor's Forum 2007）。すなわち，HRM 研究の成果は役に立たないものとされ，それが学術上の問題となっているのである。
　ならば，HRM 研究において，役に立つ HRM 研究とは何かを改めて問う必要がある。本稿は，プラグマティズムの真理観を手掛かりとすることで，この問いに対する考察を試みるものである。

Ⅱ．HRM 研究における実証主義

　HRM は，現在では人の管理全般を指し示す用語となりつつあるが，もともとは新たなパラダイムを意味する用語として1960年代に登場したものであった。それ以前には，人の管理に対する呼称として，PM（Personnel Management：人事管理）が用いられていた。1920年代に登場した PM は，労働者の人間性を重視するイデオロギーをその成立の背景としていた（岩出

1989, 20頁)。しかし，新自由主義的な経済政策が採用されるに伴って，人の管理は次第に市場の視点から理解されることになり，先を見越して行動するための指針が望まれるようになる (Keenoy 2009, p. 457)。人の管理のルーティンな側面に焦点を置いていた PM 研究は端へと追いやられ，代わりに登場したのが HRM 研究であった。HRM 研究では，労働者の人間的側面を科学的に捉えることが求められ，HRM 研究では行動科学がその理論的な土台の1つとなった[1] (Kaufman 2007)。

　以上のような背景のもとで，HRM 研究では実証主義の立場が前提となる (Steffy and Grimes 1992, p. 184)。この立場にある限り，研究者は客観的で中立的な存在となり，事実を確実かつ正確に観察することが可能となる。その観察を通じて，経験的な実在によって裏付けられる，仮説的な法則や理論を実証することができる。仮説的な法則や理論は，高度に抽象化された言語によって形成され，それらは一義的に解釈される。抽象化された言語と経験的な実在が一致すれば，仮説的な法則や理論が確証されたとみなし，それが真理となる。本稿では，これらの一連の仮定のもとで成立する立場を実証主義と呼ぶことにする。このような立場を前提とすることで，HRM 研究は，科学的かつ分析的な学問領域となり，将来への指針を提示することが可能となる。

　HRM 研究では，1995年を契機として，HRM と業績の連関についての実証的な分析が試みられるようになった (Huselid 1995; MacDuffie 1995; Delery and Doty 1996)。これらの分析は，特定の HRM 施策と業績との間に線形的な因果関係を想定し，それを統計的手法を用いて検証したものである[2]。これらの分析の研究関心は，高業績をもたらす特定の HRM 施策を明らかにして，経営実践から参照され得る命題を導くことにあった。そのような研究関心のもとで，ベスト・プラクティスと呼ばれる特定の HRM 施策群が，あらゆる状況下で高業績をもたらすことが見出された。すなわち，「ベスト・プラクティスの存在が組織に普遍的に高業績をもたらす」という命題が導かれたのである。

　しかし，その後の HRM 研究においては，研究と実践の乖離が問題となる (Editor's Forum 2007)。これは，学術的に得られた知識が，経営実践において参照されていないことを問題視したものである。実際に，「ベスト・プラ

クティスの存在が組織に普遍的に高業績をもたらす」という命題が導かれたにも関わらず，それを採用している組織は多くないことが指摘されている（Legge 2005, p. 230）。

このような状況から，HRM 研究は，EBM（evidence-based management）に依拠することが推奨される（Editor's Forum 2007, p. 987）。すなわち，学術的な論拠に基づいた経営を行うことを主張して，実証主義の立場に立つ HRM 研究を正当化することが試みられたのである。だが，EBM に基づいた HRM 研究は，実証主義を前提とすることで，結果として研究と実践の乖離という問題を解決できなくなる。そもそも，学術的な知識の正しさを研究者自身が主張することでこの問題が解決するならば，最初からこのような問題は生じていないだろう。また，EBM に依拠して事実を観察しようとする限り，経営実践において生じている問題を無視した研究が展開されてしまいかねない[3]。すなわち，研究者が自らの立場を正統化しようとすればするほど，研究と実践の乖離を加速させてしまうのである。

そのため，近年になって，実証主義を擁護する研究者と，それに対して批判的な態度を示す研究者との間に論争が生じている（Paauwe 2009; Janssens and Steyaert 2009）。実証主義を擁護する研究者にとって，実証主義に対する批判は不毛な拒絶でしかないと考えられている（Paauwe 2009, p. 134）。というのも，実証主義に対する批判は，それに代わる方法を提示していないためである[4]。仮に実証的な分析に限界があったとしても，それに代わる方法を提示し得ないのであれば，実証的な分析を続けていくべきであるというのが彼らの主張である。

これに対し，実証主義に対して批判的な研究者は，自分たちの批判が建設的な代替案を提示できていなかったことを素直に認めている（Janssens and Steyaert 2009, p. 143）。だが，彼らはそれが実証主義を肯定することになるとも考えていない。むしろ，実証的な分析に対する代替案を提示するために，実証主義とは異なる立場が必要になると主張する[5]。

この論争は，実証主義を擁護する主流派 HRM 研究（mainstream HRM）と，それに対する批判的 HRM 研究（critical HRM）によるものである。だが，実証主義を擁護する研究者が主流派と名付けられているように，依然と

してHRM研究は実証主義を前提としているのである。それどころか、研究と実践の乖離という問題を解決するためにEBMに依拠しようとする姿勢は、その前提をより一層強固なものにしている。

しかし、HRM研究が実証主義を前提とする限り、研究と実践の乖離という問題を解決することは困難となる。実証主義では、事実を確実かつ正確に観察できると仮定されるために、学術的な知識は経営実践においても正しいはずのものとなる。ゆえに、この立場に立つ限り、HRM研究者は、正確な観察に基づいて導かれた学術的な知識が、なぜ経営実践において参照されないのかについて、反省することが困難となる。結果として、実証主義の立場からは、研究と実践の乖離は経営実践における学術的知識の無視としてしか理解することができなくなり、HRM研究は役に立たないものとされるのである。また、その上EBMに依拠するのであれば、経営実践において生じている問題が無視されることにもなりかねず、HRM研究はますます役に立たないものとされてしまうだろう。

以上のように、HRM研究は、実証主義に由来した解決し難い問題を抱え込むに至っている。だが、この問題をプラグマティズムの真理観に即して捉え直すことで、研究と実践の乖離という問題に対する、解決の糸口を見出すことができる。

Ⅲ. プラグマティズムの真理観

一般に、真理とは、事実を鏡のように正確に写像することによって得られる、普遍的な事柄であるとされる。しかし、周知のようにプラグマティズムにおいては、そのような普遍的な真理一般が存在することを想定していない。むしろ、プラグマティズムにおいては、有用であるものを真理と見なし、また真理とは有用であるものと見なす（James 1922, p.204）。ここで、有用であるとは、人々の行為を形作ることであり、特定の問題によって停止していた行為を動かすことである（Watson 2010, pp.916-917; Mead 1929, p.73）。すなわち、プラグマティズムの真理観とは、人々の新たな行為を形作るものを真理と見なすことである。

このようなプラグマティズムの真理観に即して考えれば，ある知識がいつ有用となるのかわからないため，幅広い知識を持ち合わせることが推奨されることになる（James 1922）。結果としてどのような知識が有用となり得るのかが不明確なために，あらゆる知識が有用となる可能性をもつ。これは，学術的な知識を導くどのような研究も有用となり得ることを示している。

以上のようなプラグマティズムの真理観に基づけば，あらゆる HRM 研究の成果が有用となり得る。どのような HRM 研究も，人々の新たな行為を形作り得るものとなり，特定の問題によって停止していた行為を動かす可能性をもつものとなる。実際に，経営実践の役に立たないとされた実証的な分析ですら，研究者による批判や論争などの新たな行為を形作ったという意味では，有用なものとして理解できるだろう[6]。

だが，その一方で，HRM 研究は，役に立たないものとして理解されてもいる。ここでの「役に立つ」とは，特定の目的を達成しようとする取り組み（すなわち，経営実践）へと関わることである。すなわち，HRM 研究の成果は，新たな行為を形作るという意味では「有用」ではあるものの，経営実践との関わりをもつことができていないという点では，「役に立たない」ものとされているのである。

よって，ここで問題となるのは，HRM 研究の成果がいかなる行為を形作り得るのかである。すなわち，経営実践を形作り得る HRM 研究とは何かについて，検討する必要がある。この検討によって，ようやく「有用」かつ「役に立つ」HRM 研究について考えることができる。

IV．経営実践との関わりを可能とする HRM 研究

プラグマティズムの真理観を手掛かりとすることで，HRM 研究の成果と経営実践との関わりについて考察することが可能となる。ここでは，経営実践への関わりを可能とする HRM 研究として，2 つの試みを提示する。

第 1 に，問題を見出す試みである。この試みでは，既存の問題に対する解決策を導くのではなく，分析を通じて経営実践における問題そのものを構成する。これによって，問題の解決を試みるための，経営実践における新たな

行為を形作り得るのである。このような研究の具体例としては，Knights and McCabe（2000）を例に挙げることができる。

Knights and McCabe（2000）では，イギリスの大手自動車メーカーである，インターモーターズ社（仮名）におけるチーム作業方式の導入が分析されている。この事例では，チーム作業方式の導入に伴って生じた経験に応じて従業員が主体化され，チーム作業方式が彼らの反応を通じて再帰的に構成される姿が描かれている。

インターモーターズ社は1990年代に不況の影響で赤字となり，その際に様々な独裁的改革を行う。この改革の1つであったチーム作業方式の導入を通じて，従業員は様々な経験をする。ここでは，チーム作業方式に①魅了された経験，②悩まされた経験，③困惑させられた経験，という3つの経験が分析的に設けられている。

魅了された経験をもつ従業員たちは，経営層との同一化によって形成されるアイデンティティをもち，他の従業員とは異なる特別な存在として自らを認識する。彼らは，チーム作業方式に全面的な信奉を示すというよりも，それによってもたらされた地位のためにチーム作業方式を支持する。彼らによってチーム作業方式は，自らを正統化する正しい評価を可能にするものとして構成される。

悩まされた経験をもつ従業員たちは，有能な熟練者としての自らのアイデンティティを蝕むものであるとして，チーム作業方式に対する恐れを抱く。彼らにとってのチーム作業方式は，新たなアイデンティティを植え付ける洗脳の道具として構成される。彼らは，出世主義に取りつかれた魅了された経験をもつ従業員を批判する一方で，それに対する明らかな反抗を示すこともできず，自らの拠り所に悩んでいる。

困惑させられた経験をもつ従業員は，チーム作業方式そのものを拒む反抗者である。彼らにとってチーム作業方式とは，アウトソーシングの導入をもたらして多くの同僚を解雇に追い込んだものであり，その導入以前の有能な熟練者としての彼らに対する評価を無効化したものでもある。そのため，チーム作業方式は，彼らの存在を脅かす反抗すべき対象として構成される。彼らは，チーム作業方式の導入以前からもともと工場内に「チーム」があったこ

とを主張し，チーム作業方式の存在意義を退けようとする。

以上のように，Knights and McCabe (2000) の分析は，経営者による統制と従業員の自律性を両立させる万能薬として位置付けられてきたチーム作業方式を，従業員による反抗を引き起こす興奮剤として捉え直している。このような彼らの分析は，チーム作業方式の導入によって生じる問題を見出す試みとして理解できる。ここでは，分析的に3つの類型を設けているが，彼らはその類型によってインターモーターズ社の従業員の経験を正確に捉えられるとは考えていない。むしろ，この類型が，調査対象であった従業員たちによる同意を得ないことも認めている (p.1489)。それにも関わらず，このような類型を置くことで，チーム作業方式の興奮剤としての側面を捉えることが可能となる。そして，チーム作業方式の導入によって生じる新たな問題を見出すことで，少なくとも調査対象である企業では，その問題の解決へ向けた新たな行為を形作り得るのである。

第2に，規範を掲げる試みである。この試みでは，普遍的な真理一般ではないものとして，新たな規範を提示する。この試みとして理解することによって，実証主義の立場にある HRM 研究でさえも，経営実践に役立つものとなり得るのである。このような研究の具体例としては，組織に高業績をもたらす HRM 施策として「ベスト・プラクティス」を提示した，Pfeffer による一連の研究 (1994a；1994b；1998) を例示することができる[7]。

ベスト・プラクティスの提示に先立って，Pfeffer (1994a) では，これまでに論じられてきた様々な競争優位の源泉が，既にその効力を失いかけていることを指摘する。組織に伝統的に競争優位をもたらしていた源泉としては，製品やその製造工程における技術，市場の保護や規制，金融資産へのアクセス，規模の経済，などが挙げられる[8]。だが，これらの源泉が以前よりも限られた範囲でしか競争優位をもたらし得ない状況となったために，新たな競争優位の源泉の獲得が問題となったのである。そこで，Pfeffer (1994a) は，従業員とその管理方法が，新たな競争優位の源泉となり得ることを主張したのである。

しかし，単に従業員とその管理方法の重要性を主張したところで，それが競争優位の源泉をもたらすものとはならない。そこで，Pfeffer (1994b) では，

競争優位の源泉となり得る従業員の管理方法についての理念型を示している。これが，いわゆるベスト・プラクティスである。ベスト・プラクティスは，Pfeffer（1994b）においては16のプラクティスとして提示されていたが，それがPfeffer（1998）において7つのプラクティスにまとめられる。ここで提示された7つのプラクティスとは，① 雇用保証，② 選択的採用，③ 自己管理チームと分権的意思決定，④ 組織成果に応じた高い報酬，⑤ 従業員に対する広範な教育訓練，⑥ 地位による賃金格差等の除去，⑦ 業績情報の組織的共有，である。Pfefferによる一連の研究は，これらの7つのプラクティスを用いることで，競争優位の源泉の獲得という問題を解決し得ることを主張したものである。

以上のPfefferによるベスト・プラクティスの提示は，新たな競争優位の源泉の獲得という問題に対する，新たな行為そのものを規範として掲げた試みとして理解することができる。だが，仮にベスト・プラクティスがその通りには用いられなかったとしても，それを経営実践の役に立っていないものとして単純に理解する必要はない。プラグマティズムの真理観に基づく限りにおいて，ベスト・プラクティスの提示は，経営実践における無視や，差別化を図るための他の施策の選択といった行為すらも形作り得るためである。例えば，ベスト・プラクティスの提示は，それが普及すればするほど，競争優位の源泉とはなり得ないものとなる。ゆえに，ベスト・プラクティスが普及すればするほど，ベスト・プラクティスの提示は，かえって他の施策の選択を促すものとなる。しかし，その際には，ベスト・プラクティスは差別化を図るための規準となることから，ベスト・プラクティスの提示は十分に経営実践の役に立つことになる。[9]

ここで取り上げたKnights and McCabe（2000）およびPfeffer（1994a；1994b；1998）は，HRM研究においてそれぞれ批判的HRM研究と主流派HRM研究としても位置付けられる。改めてこの2つの試みを位置付けると，批判的HRM研究としてのKnights and McCabe（2000）は，経営実践に対してあくまで観察者に留まろうとしている。これに対し，主流派HRM研究としてのPfeffer（1994a；1994b；1998）は，経営実践への介入者になろうとしているのである。以上のように，プラグマティズムの真理観に依拠してHRM研

究を捉え直すことで，研究者間の対立を回避しつつ，研究と実践の乖離に対する解決の糸口が見出せるのである。

V．おわりに

　本稿では，プラグマティズムの真理観に依拠することで，HRM 研究の成果と経営実践との関わりについての考察を試みた。プラグマティズムの真理観に依拠したとしても，あらゆる HRM 研究が役に立つことになる訳でもなければ，本稿で示した2つの試みだけが役に立つ HRM 研究となり得る訳でもない。だが，本稿で考察したように，経営実践との関わりを検討することによって，ようやく HRM 研究は，研究者間の対立を避けながら，「役に立つ」HRM 研究について考察することが可能となるのである。

注
1) ここでの行動科学 (behavioral science) とは，人間関係論 (human relations) や組織行動論 (organizational behavior) へと連なるものである。近年の HRM 研究が依拠する実証主義の立場も，これらの系譜に起源をもつ。
2) ここでの業績に関しては，各研究において統一した尺度が用いられている訳ではないことに留意されたい。それぞれの研究において，生産性や離職率，組織の利益率などが，業績を表す尺度として都合良く用いられているのである。
3) 研究と実践の乖離が問題となる背景の1つとして，研究の内容と経営実践における関心が乖離していることも指摘されている (Steffy and Grimes 1992, p. 187)。
4) 実証主義に基づいた分析に対しては，それが組織現象の複雑さを理解するための助けとならない点が批判される (Steffy and Grimes 1992, p. 187)。また，このような批判を通じて，実証主義に代わる立場からの分析も試みられている (Alvesson and Kärreman 2007)。だが，実証主義を擁護する研究者にとって，それらの分析は HRM 研究における統一された方法に則ったものであるとは見なされていない。
5) 実証主義的な HRM 研究に対する批判は，近年では，批判的 HRM 研究という研究群を形成している (Delbridge and Keenoy 2010)。これらの研究では，CMS (Critical Management Studies：批判的経営研究) に依拠しつつ，HRM 研究に対する反省的考察を展開している。CMS は，組織の問題ある側面に関心をもつ研究群であり，それに対する批判を通じた変性（あるいは再構成）を研究の目的としたものである。
6) 本稿それ自体も，これらの先行研究によって形作られたものとして理解し得る。
7) 後述のように，ベスト・プラクティスは，普及すればするほど競争優位の源泉とはなり得ないものとなる。ゆえに，ベスト・プラクティスは，本来的に普遍的な真理一般としては理解し得ないものとなる。
8) Pfeffer (1998) では，これらの他に，正しい産業の選択，組織の拡大，事業のグローバル展開，ダウンサイジングとコスト削減，技術力とブランド力，などを取り上げ，それらを「伝統的通念」

と呼んでいる。そして，様々なデータに基づきながら，伝統的通念がもはや競争優位の源泉とはなり得ないことを論じている。
9) このように，プラグマティズムの真理観に依拠することで，研究と実践の乖離の発端となったベスト・プラクティスの提示ですら，役に立つ HRM 研究として理解できるのである。

参考文献

Alvesson, M. and Kärreman, D. (2007), "Unraveling HRM: Identity, Ceremony, and Control in a Management Consulting Firm," *Organization Science*, Vol. 18, No. 4, pp. 711-723.

Delbridge, R. and Keenoy, T. (2010), "Beyond Managerialism?," *International Journal of Human Resource Management*, Vol. 21, No. 6, pp. 799-817.

Delery, J. E. and Doty, D. H. (1996), "Modes of Theorizing in Strategic Human Resource Management: Tests of Universalistic, Contingency, and Configurational Performance Predictions," *Academy of Management Journal*, Vol. 39, No. 4, pp. 802-835.

Editors' Forum (2007), "Editors' Forum on the Research-Practice Gap in HRM," *Academy of Management Journal*, Vol. 50, No. 5, pp. 985-1054.

Huselid, M. A. (1995), "The Impact of Human Resource Management Practices on Turnover, Productivity, and Corporate Financial Performance," *Academy of Management Journal*, Vol. 38, No. 3, pp. 635-672.

James, W. (1922), *Pragmatism : A New Name for Some Old Ways of Thinking: Popular Lectures on Philosophy*, Longmans, Green. (桝田啓三郎訳『プラグマティズム』岩波書店, 1957年。)

Janssens, M. and Steyaert, C. (2009), "HRM and Performance: A Plea for Reflexivity in HRM Studies," *Journal of Management Studies*, Vol. 46, No. 1, pp. 143-155.

Kaufman, B. E. (2007), "The Development of HRM in Historical and International Perspective," in Boxall, P., Purcell, J. and Wright, P. eds., *The Oxford Handbook of Human Resource Management*, Oxford University Press, pp. 19-47.

Keenoy, T. (2009), "Human Resource Management," in Alvesson, M., Bridgman, T. and Willmott, H. eds., *The Oxford Handbook of Critical Management Studies*, Oxford University Press, pp. 454-472.

Knights, D. and McCabe, D. (2000), "Bewitched, Bothered and Bewildered: The Meaning and Experience of Teamworking for Employees in an Automobile Company," *Human Relations*, Vol. 53, No. 11, pp. 1481-1517.

Legge, K. (2005), "Human Resource Management," in Ackroyd, S., Batt, R., Thompson, P. and Tolbert, P. eds., *The Oxford Handbook of Work & Organization*, Oxford University Press, pp. 220-241.

MacDuffie, J. P. (1995), "Human Resource Bundles and Manufacturing Performance: Organizational Logic and Flexible Production Systems in the World Auto Industry," *Industrial and Labor Relations Review*, Vol. 48, No. 2, pp. 197-221.

Mead, G. H. (1929), "A Pragmatic Theory of Truth," *University of California Publications in Philosophy*, Vol. 11, pp. 65-88. (加藤一己・宝月 誠訳「プラグマティズムの真理理論」加藤一己・宝月誠編訳『G. H. ミード プラグマティズムの展開』ミネルヴァ書房, 2003年, 113-144頁。)

Paauwe, J. (2009), "HRM and Performance: Achievements, Methodological Issues and Prospects," *Journal of Management Studies*, Vol. 46, No. 1, pp. 129-142.

Pfeffer, J. (1994a), "Competitive Advantage through People," *California Management Review,* Vol. 36, No. 2, pp. 9-28.

Pfeffer, J. (1994b), *Competitive Advantage through People: Unleashing the Power of the Work Force,* Harvard Business School Press.

Pfeffer, J. (1998), *The Human Equation: Building Profits by Putting People First,* Harvard Business School Press. (佐藤洋一監訳『人材を生かす企業―経営者はなぜ社員を大事にしないのか？―』トッパン, 1998年。)

Steffy, B. D. and Grimes, A. J. (1992), "Personnel /Organizational Psychology: A Critique of the Discipline," in Alvesson, M. and Willmott, H. eds., *Critical Management Studies,* SAGE, pp. 181-201. (杉原信男訳「個人・組織心理学―理論批判―」CMS研究会訳『経営と社会―批判的経営研究―』同文舘, 2001年, 221-241頁。)

Watson, T. J. (2010), "Critical Social Science, Pragmatism and the Realities of HRM," *International Journal of Human Resource Management,* Vol. 21, No. 6, pp. 915-931.

岩出 博 (1989),『アメリカ労務管理論史』三嶺書房。

9 起業を成功させるための起業環境分析
―― モデルの構築と事例研究 ――

大久保　康　彦

Ⅰ．本稿の問題意識と分析の視角

わが国の起業研究の多くは起業家研究と，政策的な起業支援研究に集中してきた。そこで，起業の成功を説明する研究については，ほとんど行われていないといえる。この起業の成功については，学史的観点からは，New Venture Performance論が存在するが，わが国では，高島（2004など）や當間（2006）らの少数の研究の中で紹介されてきたにすぎない。

そこで本稿では，New Venture Performance論の主な主張を検討しつつ，その限界を指摘する。そして，その限界をおぎなうものとして，戦略論の泰斗である M. E. Porter の理論を起業成功の観点から見直すことにしたい。具体的には，彼の5フォース分析をスタートアップ期の企業に適用できるような形にアレンジした，起業環境分析モデルを提示する。最後に，事例をもちいて，この起業環境分析モデルについて，若干の検証を試みる。

Ⅱ．New Venture Performance論の主張

まず，起業成功を取り扱った研究としての New Venture Performance論の概略を検討していくことにする。

1．主なプロファイル

New Venture Performance論（以下，NVP論）は，米国で1980年代から行われてきた研究であり，「起業間もない企業の業績つまり成功に影響をあた

える要因は何か」を解き明かすことを目的にしている。この研究の先駆者は W. R. Sandberg（1986）であり，その後，S. W. Kunkel（1991），K. C. Robinson 1995）などに引き継がれている。本稿では，紙面の都合もあるので，先駆となった Sandberg の研究を中心に述べていく。

Sandberg によると，NVP 論以前は，起業間もない企業の業績に影響を与える要因は起業家の個人的属性である，という考え方を前提にして，起業家の個人的体験と心理的特性（達成意欲，コントロールの内的位置，リスク選好）などに焦点をあてる研究が多かったという（Sandberg 1986）。現に，わが国の起業研究もこれにかなり集中してきたのであり，齊藤（2006）もその典型である。

これに対して，彼の主張する NVP 論では，「起業間もない企業の業績に影響を与える要因は，起業家（E：Entrepreneur），産業構造（IS：Industry Structure），戦略（S：Strategy）の3つと，これらの相互作用が特に重要である」こと，つまり NVP = f (E, IS, S) とし，それを証明するための実証研究を行っている。彼の主張を筆者なりに図にすると，図1のようになる。

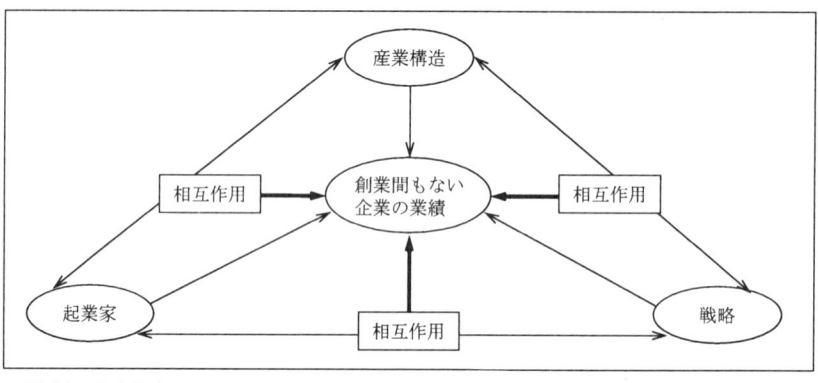

図1　New Venture Performance 論のイメージ図

（出所）　筆者作成。

NVP 論の主な特徴は以下のとおりである。
①起業家（E）に関する考え方
NVP 論以前の起業研究において，特に注目されてきた点は，個人的体験とならんで，成功した起業家の心理的特性であり，その主なものとしては，前

述した「達成動機」,「コントロールの内的位置」,「リスク選好」の3つであった。しかし,彼の実証研究では,これらの特性が,必ずしも起業の成功に結びつくという結果は得られなかったのである。

そして,このような心理的特性は,起業家になる人物の特性を示すものであっても,起業の成功をもたらす人物の特性ではないとし,「起業家の心理的特性ではなく,行動特性こそが起業成功に結びつく」という主張を展開している。そして,この主張はNVP論以前の研究に対する批判として意味があると考える。

② 産業構造(IS)と戦略(S),及び,その組み合わせについての考え方

NVP論では,新たに産業構造と戦略を起業成功の枠組みにとりいれるとともに,その相関関係に注目し,産業成長が「初期段階である場合は差別化戦略」を実施し,「成熟段階である場合は集中戦略」を採用するという組み合わせが,起業成功の可能性を高めるという検証結果をえている(Sandberg and Hofer 1987, p.17)。

その結果は,起業間もない企業は,経営資源が乏しいため,戦略ドメインを狭くして,資源を集中する集中戦略が適切な戦略であるというNVP論以前の定説を覆すものとなった。

図2　産業進化と戦略ドメインとの関係

		産業進化の段階	
		初期	成熟期
戦略ドメイン	広い	I	II
	狭い	III	IV

(出所) Sandberg 1986, p.133.

Sandbergの図2において,IとIVが前述の組み合わせに合致しており,17社の実証研究によれば,3分の2をこえる12社がこのIとIVに当てはまっているという。そして,このうち,3社は大成功,6社は成功,1社は平均的,2社は失敗に終わっている。他方で,IとIVに当てはまらなかった5社は,すべて起業に失敗している(Sandberg and Hofer 1987, p.22)。

2. NVP論の主たる限界

Sandbergを中心としたNVP論については，以下のように評価し，その限界を指摘できると考える。

① 起業家の心理的特性である「達成動機」，「コントロールの内的位置」，「リスク選好」が起業をする人物の特性であって，起業を成功に導く人物の特性ではないという主張は，妥当なものであり，説得力がある。しかし，NVP論が成功要因のひとつとしてあげた，起業家の行動特性については，あまり掘り下げた議論が行われておらず，課題を残している。

② しかし，より大きな限界として，産業構造の検討方法がある。NVP論が，産業構造と戦略との相関関係に注目し，産業進化の段階と戦略ドメインの組み合わせについて行った検討については，定説を覆すものとなっており，その意味で，評価することができる。

だが，戦略構築の前段階にあたる，産業構造の分析についての検討は不充分なのである。例えば，Sandbergは産業構造要因として，市場シェアの状態，産業成長の段階，価格の不均衡状態，業種，の4つをあげているが（Sandberg 1986, p.108），これらの要因はあくまでも市場のもつ局面を示しているにすぎず，根本となる産業構造の要因を分析するものとは言い難いのである。

本稿において，筆者はこの限界に着目し，起業成功のモデルを模索していくことにする。そこで，産業構造分析の代表的なモデルになっている，M. E. Porterの理論をとりあげて，起業研究の観点から検討していく。

Ⅲ. M. E. Porter理論と起業研究との関連性

1. Porter理論のプロファイル

Porter以前の戦略論は，おおまかに整理すると，企業戦略論の始祖というべきH. Igor Ansoffに代表されるように，市場に適合する戦略の策定（市場浸透，市場開発，製品開発，多角化戦略）が中心的であった。それに対して，Porterは，市場特性と自社の特性を把握し，適切なポジションを占めることによって，競争優位を確保するという競争戦略の手法を重視した。

Porter の理論は多岐に渡り，多くの企業戦略論のベースになっているが，起業研究の観点に立つと，注目すべき成果は，主に産業構造分析と価値連鎖の2点に集約できると考える。

まず，5フォース分析といわれる産業構造分析について，Porter（1980）は，競争優位を確保するために，5つの要因を把握したうえで，競争戦略を策定する必要があると述べている。

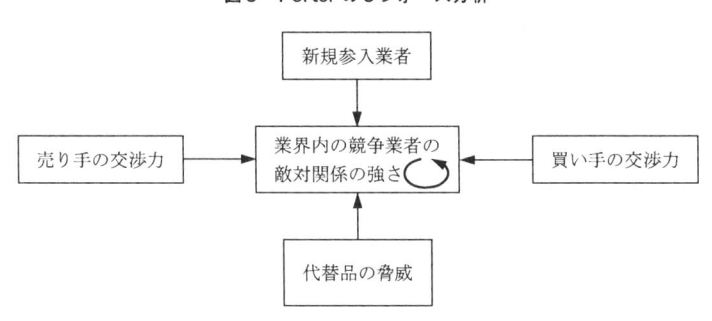

図3　Porterの5フォース分析

```
                    新規参入業者
                         │
                         ▼
売り手の交渉力 ──→ 業界内の競争業者の ←── 買い手の交渉力
                    敵対関係の強さ
                         ▲
                         │
                    代替品の脅威
```

（出所）　Porter 1980, 翻訳書, 18頁。

よく知られているが，5フォース分析とは，図3の5つの要因（売り手の交渉力，買い手の交渉力，業界内の競争業者の敵対関係の強さ，新規参入業者，代替品の脅威）を分析することによって，産業の魅力度，すなわち投資収益率を見きわめる方法である。また，彼によれば，5つの要因を自社にとって有利に動かせるような産業内のポジションをみつけることが，競争戦略の目標であるとしている（Porter 1980, 翻訳書, 18頁）。

もうひとつの価値連鎖（バリューチェーン）について，Porter（1985）は，企業の持つ価値活動を分析することが，競争優位の源泉を見きわめるうえで重要であると主張している。この価値連鎖とは，企業内部で行われている製品の設計，製造，販売，流通，支援サービスなどの価値活動の流れであり，この中にこそ，企業の競争優位の源泉が存在するとされている。

2．起業研究の観点からみた Porter 理論の評価

まず，産業構造分析は，起業研究においてきわめて有用なモデルであると

評価できる。この分析によって，起業家は進出する市場について，客観的な評価ができ，成功の可能性を吟味できるからである。もっとも，産業構造分析を用いて吟味している「新事業への参入戦略」については，主に大企業における多角化戦略を念頭において彼は議論を展開している。そのため，筆者が対象としている起業間もないスモールビジネスの分析にはなじまない部分が，彼の分析には存在している。

筆者は，Porter の提示した5つの要因を「事業の収益」と「事業の寿命」という2つの側面から，以下のように分類することにする。

①「事業の収益」に影響を与える要因―これには，「売り手の交渉力」，「買い手の交渉力」，「業界内の競争業者との敵対関係の強さ」の3つが含まれる。なぜならば，売り手の交渉力は仕入コストに直接に影響をあたえるし，そして，買い手の交渉力は販売単価に対して影響をあたえるからである。また，業界内の競争業者との敵対関係が強ければ，価格面や品質面での競争が激しくなることは明らかである。

②「事業の寿命」に影響を与える要因―これには，「新規参入業者の脅威」と「代替品の脅威」の2つが含まれる。なぜならば，新規参入業者と代替品は，①のように現状や近い将来という短期的な視野ではなく，中長期的な未来の競争優位を脅かす要因であり，その脅威が顕在化するようになると，競争は激しくなり，事業の収益性は低下するからである。

筆者としては，起業研究の観点からみて，5フォースには優先順位が存在すると考えたい。なぜならば，起業間もないスモールビジネスの経営は，収益を確保しないとすぐにでも苦しくなるという，短期的視野を持たざるをえないため，既存の大企業の経営に比べて，どうしても中長期的な視野に立つ事業の寿命よりも事業の収益を重視する傾向があるからである。

もうひとつの価値連鎖も起業研究の観点に立つと，きわめて重要な主張であると考える。なぜならば，起業間もない企業の価値連鎖は，多様であり，起業家の個人的体験や支援者（メンター）などの存在によって，その中で直面する圧力が大きく変化するからである。

例えば，起業間もない企業は，ブランド力や実績が乏しいために，社内的（従業員）にも社外的（取引先）にも交渉力が弱い場合が多いのである。その

結果として，価値連鎖の中で，強い圧力を受けることになる。そして，その圧力をどのようにコントロールしていけるかが，起業の成功に大きな影響を与えるのである。

Porterは，価値連鎖の議論の中で，垂直統合について説明はしている（Porter 1985，翻訳書，70頁）が，それは主として「Make or Buy」の議論であり，価値連鎖の中で企業が直面する上述したような各種の圧力については，議論していないのである。

以下では，前述した5フォースの優先順位と価値連鎖における圧力に着目し，起業環境分析のモデルを提案したい。

IV．起業環境分析モデルの提案

1．モデル構築

Porterの産業構造分析は非常に有用であるものの，主として大企業が多角化戦略において，新規事業を立ち上げることを想定して構築されているとみてよい。そのため，起業間もない企業についていえば，前述してきたように，5フォースの優先順位が異なること，保有資源や事業ドメインの設定により価値連鎖が異なること，などを考慮すると，限界があるといわざるをえないのである。

例えば，多くのベンチャー経営者にヒアリングすると，「創業初期においては長期的にやりたい事業には取り組まず，まずは収益性が高い事業に取り組んで事業を安定させた」という発言が多い。また，起業間もない研究開発型のベンチャー企業は，経営資源が乏しいために，外部に営業や製造のパートナーを持っているケースが多い。

そこで，ここではつぎの2点を考慮して起業環境分析のモデルを提示する。

① 起業間もない企業は，5フォースにおいて，収益に影響を与える要因を重視する。それは，すでに述べたように，「売り手の交渉力」，「買い手の交渉力」，「業界内の競争業者との敵対関係の強さ」の3つである。収益をあげることが起業の成功を左右する。そうしなければ，企業は活動ができず，存続できないのである。要するに，起業は成功したとはいえないのである。

②起業間もない企業は，大企業に比べて安定した価値連鎖を持っていないために，特に製造と販売プロセスにおいて，強い圧力に直面するという可能性が高く，その圧力をコントロールできることが，起業の成功に大きな影響をあたえることになる

　この2つの考え方を組みあわせたものが，筆者が提示する起業環境分析モデルである。それは，Porterの提唱した5フォースのうちの3フォースに，新たに2つのフォースを追加しているものである。

図4　起業環境分析モデル

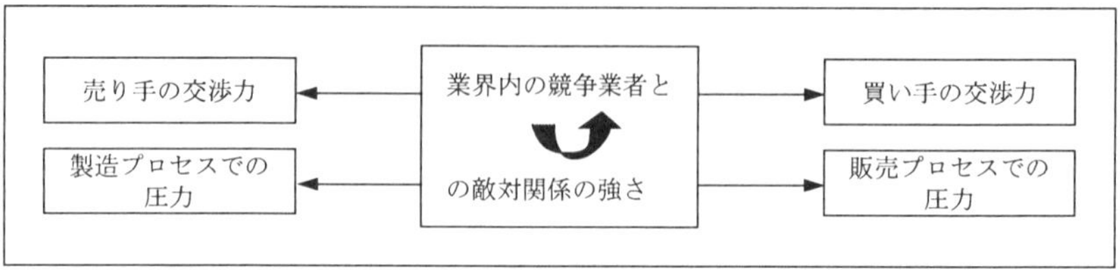

```
┌─────────────────────────────────────────────────────┐
│  ┌──────────┐      ┌──────────┐      ┌──────────┐  │
│  │売り手の交渉力│ ←── │業界内の競争業者と│ ──→ │買い手の交渉力│  │
│  └──────────┘      │の敵対関係の強さ│      └──────────┘  │
│  ┌──────────┐      └──────────┘      ┌──────────┐  │
│  │製造プロセスでの│ ←──────────────────→ │販売プロセスでの│  │
│  │    圧力    │                          │    圧力    │  │
│  └──────────┘                          └──────────┘  │
└─────────────────────────────────────────────────────┘
```

（出所）　筆者作成。

　以下に，このモデルを説明したい。

　まず，売り手の交渉力，業界内の競争業者との敵対関係の強さ，買い手の交渉力の3つは，どの産業においても各企業がおおむね共通して直面する事業収益への影響要因であるといってよい。前述してきたように，起業間もない企業は，事業の寿命よりも事業の収益を優先しているので，Porterの5フォースのうち，収益に影響をあたえるこの3つの要因を抽出し，これに対して，事業の寿命に影響をあたえる要因である新規参入業者と，代替品の脅威を捨象することにした。

　次に，「製造プロセスでの圧力」と「販売プロセスでの圧力」という2つを追加している。これらを新たに追加する理由は，起業間もない企業の価値連鎖は不安定であり，個々の企業によって，価値活動から受ける圧力が異なり，それによって収益が左右されるからである。

　まず，製造プロセスでの圧力からみていくと，研究委託先，製造外注先，社内研究者などが，これに相当する。起業間もない時期にあっては，従業員1人1人への依存度は高く，従業員は販売代理店などの取引先と同等の圧力を持っている。製造プロセスでの圧力が高まるのは，製品やサービスの差別

化水準が高い場合であり，研究開発型ベンチャーや経営コンサルティング業界などで多く見られている。NVP論によれば，産業成長の初期段階においては，差別化戦略を実施するほうが，起業成功の可能性が高まるとされているが，この製造プロセスでの圧力にうまく対処できなければ，充分な収益は得られないことになる。

　もうひとつの販売プロセスでの圧力については，販売代理店や社内セールスパーソンなどが，これに相当する。販売プロセスの圧力が高まるのは，製品やサービスの差別化水準が低い場合である。これは，例えば保険代理店や人材派遣会社などの業界で多く見られる。起業において，非差別化戦略を実施した場合は，この種の圧力への対応が特に重要になる。

2．事例による若干の検証―研究開発型ベンチャー企業R社の事例

　ここからは，図4で示した起業環境分析モデルを用いて，研究開発型ベンチャー企業であるR社の検討を行うことにする（表1）。

表1　R社のプロファイル

対象企業	株式会社R社	代表者	K氏	創業	2008年
所在地	東京都港区	資本金等	7,500万円	従業員	10名
事業内容	放射線量及び生体センサーの部品及び製品の開発，生産，販売 生体センサーとは，心電，心音，体温，動作等の生体情報をリアルタイムで測定・転送し，遠隔地での治療及び予防医療を可能にするツールである。					

(1) 事業概要

　R社は，2008年に設立された研究開発型ベンチャー企業である。主な製品は，小型でワイヤレスの生体センサーと，それを応用した，同じくワイヤレスの放射線量センサーである。代表取締役であるk氏は，以前，医療業界で仕事をしていた際に，人体の体温，心電・心音をモニタリングすることによる予防医療に着目し，センサー開発事業に着手した。

　その後，超小型でワイヤレスのセンサー開発に成功し，さらにそれを応用することによって，独自の放射線量センサーも開発した。現在は，市場規模が拡大している放射線量センサーに注力し，原子力発電所や自治体向けの売上を伸ばしている。

以下では，放射線量センサー事業におけるR社の起業環境を分析する。

① 売り手との交渉力に関する分析

R社にとって，供給業者（以下：売り手）は部品供給業者である。昨今のモジュール化の進展により，必要な部品のすべては，インターネットを経由して世界中から調達できるようになっている。そのため，売り手との交渉力については，R社は強いと判断される。

② 買い手との交渉力に関する分析

R社の顧客（以下：買い手）としては，自治体，病院，原子力施設などがあげられる。買い手は，安心・安全を確保するために，納品のスピードと品質面を強く求めている。そのため，価格敏感度は低いといってよく，現在のR社は買い手との交渉力については優位な状況にある。

③ 業界内の競争業者との敵対関係の強さ

先行企業であるため，現在のところ競争業者の脅威は存在しない。もっとも通信系メーカーやセンサーメーカーには，類似技術を持っている企業が多く，今後，類似品が出てくるおそれは当然のこととしてありうる。その際には，R社は，熾烈な競争下に身をおくことになるであろう。

ここまで，Porterの5フォースにおける収益への影響要因である3つのフォースをみてきたが，R社にとって，いずれも好ましい環境であるといえる。しかしながら，以下の2つのフォースについては，起業間もないR社を苦しめている。

④ 製造プロセスでの圧力（従業員，外注）

R社の収益をもっとも圧迫しているのが，製造プロセスでの圧力である。起業間もないR社は経営資源が乏しく，ハードの組み立てやソフトウェア調整など，多くの製造機能を外注しており，つねに情報漏洩リスクに直面している。また，社内研究者への依存度も高く，人件費が収益を圧迫している。

⑤ 販売プロセスでの圧力（従業員，外注）

R社は，代表取締役のK氏をふくめて10名足らずの技術者で構成されている。したがって，マーケティング力は脆弱なのである。その結果として，大手商社やメーカーに頼った営業展開にならざるをえないのである。そのため，販売プロセスでの圧力が強く，このような他社依存のために多額の中間マー

ジンが発生してしまうので,収益は伸び悩んでいる。

以上のように,R社の事例を検討してきたが,Porterの5フォースからとりいれた3フォース(売り手の交渉力,買い手の交渉力,業界内の競争業者との敵対関係の強さ)について分析した時には,起業環境はR社にとって好ましい状況にあるといえるが,新たに追加した2フォース(製造プロセスでの圧力,販売プロセスでの圧力)について分析すると,R社は,非常に苦しい起業環境に身をおいているといわざるをえない。現に,R社の今期の業績をみると,売上高は2億5,000万円の見込(前年対比305%)であるが,営業利益は赤字の見込である。R社の成功は,今後,製造と販売プロセスの圧力をいかにコントロールできるかどうかにかかっているのである。

V. おわりに

本稿は「起業の成功を説明するモデル」を構築することを目的に,まずは起業成功の研究に端緒をつけたといわれるNVP論の意義と限界を検討した。次いで,起業研究の観点から,Porter理論を検討した。そして,Porterの5フォース分析のうち事業収益に影響をあたえる3つのフォースに,価値連鎖に関連した2フォースを加えて起業環境分析のモデルを構築した。そして,研究開発型ベンチャー企業であるR社を事例として,モデルの検証を試みた。

残された課題としては,このモデルの精緻化をはかる必要がある。そのためにも,事例分析の数を増やして,このモデルの有効性と問題点を明らかにしていかなければならないと考えている。

主要参考文献

Karl, V. (1989), *New Venture Strategy,* Prentice Hall Inc. (徳永 豊・二瓶喜博・井上崇道・森 博隆・小林 一・篠原敏彦訳『ニューベンチャー戦略』同友館,1999年。)

Kunkel, N. F. (1991), *The Impact of Strategy and Industry Structure on New Venture Performance,* UMI Dissertaion Information Service, Ann Arbor.

Nalebuff, B. J. and Brandenburger, A. M. (1997), *Co-Opetition, Crown Business.* (嶋津祐一・東田啓作訳『コーペティション経営―ゲーム論がビジネスを変える―』日本経済新聞社,1997年。)

Porter, M. E. (1980), *Competitive Strategy: Techniques for Analyzing Industries and Competitors,* A Division of Macmillan Publishing. (土岐 坤・中辻萬治・服部照夫訳『競争の戦略』ダイヤモンド社,1982年。)

Porter, M. E. (1985), *Competitive Advantage: Creating and Sustaining Superior Performance,*

A Division of Macmillan Publishing. (土岐 坤訳『競争優位の戦略』ダイヤモンド社, 1985年。)
Robinson, K. C. (1995), *Measure of Entrepreneurial Value Creation*, UMI Dissertaion Information Service.
Sandberg, W. R. (1986), *New Venture Performance: The Role of Strategy and Industry Structure*, Lexington Books.
Sandberg, W. R. and Hofer, C. W. (1987), "Improving New Venture Performance: The Role of Strategy, Industry Structure, and the Entrepreneur," *Journal of Business Venturing*, Vol. 2, No. 1, pp. 5-28.
齊藤毅憲 (2006),『スモール・ビジネスの経営を考える』文眞堂。
高島克史 (2004),「ベンチャー企業の経営戦略に関する一考察―先行研究レビューを中心に―」『星陵台論集』神戸商科大学, 37 (1)。
高島克史 (2006),「ベンチャー企業の経営戦略研究の意義と課題～新たな視点の導入を目指して～」『星陵台論集』神戸商科大学, 38 (3)。
高島克史 (2009),「ベンチャー企業の成長モデルに関する考察：Greiner の説をもとにして」『人文社会論叢 社会科学篇』弘前大学人文学部, (21)。
中禮宗一 (2007),「ベンチャー企業の成功要因に関する一考察―九州内25社の成長段階別分析―」『福岡大学大学院論集』福岡大学, 39 (2)。
當間克雄 (2006),「ベンチャー企業の経営戦略をめぐる議論：先行研究のレビュー」『商大論集』兵庫県立大学, 57 (3)。
中橋國蔵 (2008),『経営戦略の基礎』東京経済情報出版。

10 「実践の科学」としての経営学
――バーナードとサイモンの対比を通じて――

桑　田　耕太郎

　経営学は,「経営をするとはどういうことか」をめぐってその主要な議論を展開してきた。バーナード（Barnard 1938）は協働体系を経営することは,経営者が「組織」に働きかけることをつうじて可能となることを示し,経営学の根幹に実践概念を核としたダイナミックな組織理論を据えた。しかし,その後継者と言われるサイモン（Simon 1947）ならびにそれ以降の経営学（経営戦略論やコンティンジェンシー理論など）の展開で,バーナードによって提起された「価値」や「変化」に関する理論は,方法論的困難に直面してしまった。本論稿の目的は,バーナード理論をあらためて実践論的視座のもとに位置づけることを通じて,この失われてしまった未来の構築として,「価値」や「変化」を扱う「実践の科学」としての経営学の可能性を論じることにある。

Ｉ．失われた未来

　バーナードは協働体系を,「物的,生物的,社会的な環境全体に対する継続的な再調整」（翻訳書,p.61）のダイナミックな過程としてとらえ,そのプロセスの根源にダイナミックな場としての組織をおいた。組織はまず存在するのであって,経営者はそれを直接デザインしたり操作することはできない。彼にとって「組織のセンス」は「とうてい言葉で説明できないような劇的,審美的な感情であって,主に自ら興味を持って習慣的に試みる経験から生まれるもの」（Barnard 1938, 翻訳書, 40頁）であり,「触知しえない非人格的なもの」（同翻訳書, 78頁）なのである。したがって,バーナードの『経営者

の役割』には,「組織のデザイン」という考え方はない。

　バーナードが目指した経営学は,常に変化する戦略的要因に導かれる動学であり,それは必然的に価値のダイナミックな変化を扱う理論であった。ここに,彼が「協働体系」と「組織」を厳密に区別し,協働体系を経営する戦略的要因として組織の三要素を論じる必要があったのである。

　一方で,サイモン以降コンティンジェンシー理論にいたる組織論で失われてしまったのは,こうした動学としての理論であり,その原因は,サイモンがバーナードの「二人以上の人々の意識的に調整された諸活動・諸力の体系」という組織の定義を引き受けつつも,その人間の行動を説明する概念として「意思決定」を導入したことに求められる。この人間－行動観は,バーナードがその理論の根幹に仮定した「過去および現在の物的,生物的,社会的要因である無数の力や物を具体化する,単一の,独特な,独立の,孤立した全体」(翻訳書, 13頁)としての人間－行動観とは決定的に異なる。この節では,この差異を手がかりに,サイモン以降の経営理論によって失われた未来の意味を明らかにする。

1. バーナードとサイモンの人間－行動観の差異

　サイモンは(組織の定義を明確にはしていないが)バーナードの組織の定義を引き継いだと考えられる。一方で,彼は人間－行動の説明に「意思決定」概念を導入した。(Simon 1947; March and Simon 1958)。人間の行動は,それに先立つ「意思決定」を通じて導かれた行為のコースないしプランとして記述・説明される,とするものである。

　合理性に限界をもつ個人は,環境を単純化したモデルを意思決定前提(目的や適応すべき環境の諸制約条件,代替的行為の集合やその諸結果に関する情報,決定ルールなどからなる)とし,計算を通じて行為のコースを選択する。個人が「正しい」意思決定をし,秩序だった組織行動として展開されるには,各個人に適切な決定前提が提供される必要がある。

　こうしてサイモン以降の経営学は,バーナードによって提起された経営理論のうち,第1に意思決定の「機会主義的」側面に焦点化することを通じて,第2にバーナードにおいて中心的な概念であった価値や責任の概念を,目的－

手段関係に巧妙に置き換え，組織理論の対象から価値の問題を排除することを通じて，論理実証主義的な意味できわめて明晰な理論を構築した。

　しかし，こうして構築された理論は，バーナードが提起した協働体系や組織の理論とは明らかに異なっている。第1に，確かにバーナードは「熟考，計算，思考の結果」としての行為の重要性を指摘しているが，同時に「無意識的，自動的，反応的で，現在あるいは過去の内的もしくは外的情況の結果」としての行為の重要性も指摘している（Barnard 1938, 翻訳書，193頁）。バーナードがいかに後者を重視していたかは，『経営者の役割』の付録に収録された「日常の心理」という論文や，サイモンの『経営行動』に寄稿した「はしがき」に典型的に示されている。

　サイモンの『経営行動』に寄稿したバーナードの「はしがき」は，実に奇妙なものである。それはサイモンが，バーナードによる権威，有効性，能率，誘因と貢献の経済（組織均衡）などの概念を引き継いで精緻化しており，組織の一般理論の構築に貢献しうる点を評価している。しかし，より多くの字数を割いて次のような記述をしている。

　「・・・私は組織についての経験や知識に三つの全く異なった水準を区別することが，便利であると知った。第一のものは，特定の状況における具体的行動の水準である。ここでは，行動の多くは習慣的で，無意識的に感応しやすく，適応的である。・・・（中略）・・・

　　経験の第二の水準は，特定の組織慣行の水準である。・・・（中略）・・・これらの多くは文章に書かれており研究することができるが，また多くのものは「不文律」であり，主に親しく接して観察して経験することによって学びうる。・・・（中略）・・・

　　知識の第三の水準は，もちろん本書で実例をもって示されたものである。それについては，これ以上ふれない。（以下略）」（Simon 1947, 第三版翻訳書，49-52頁）

　要するに，組織に関する三つの水準の知識のうち，サイモンは重要な二つを見逃している，と批判しているようにすら読むことができる。これは，バーナードの理論が前提としている人間行動は，意思決定だけでなく，後述する現代の「実践（practice）」概念そのものだからである。

2. 失われた未来

サイモンのように人間行動を「意思決定」によって説明しようと仮定すると、組織は、各個人に適切な意思決定前提を提供する影響過程ないしコミュニケーションネットワークによって連結された意思決定主体からなる、一種の情報処理システムとしてみることができるようになる。この視座にたてば、組織は設計可能な対象となり、コンティンジェンシー理論はその制約条件の解明へと関心を向けた。

「デザイン可能な情報処理システム」としての組織観（例えば、Galbraith 1973）に立脚する限り、組織の変化は、安定的な組織から別の安定的な組織への不連続なシフトとして記述されることになる。マーチ＝サイモン（March and Simon 1958）はこのシフトを、短期適応と長期適応という区別によって表現している。

しかし、このようなデザイン可能な対象としての安定的な組織を仮定すると、実は変化を説明することは不可能になる。

まず変化の源泉を外部環境に求めるとすれば、環境の変化はなぜ生じるのか、という問題に直ちに直面する。外部環境の変化を説明するために、より上位の外部環境に変化の源泉を求めていけば、論理は無限後退する。誰が究極の外部環境を認識できるというのだろうか。仮にできるとすれば、神のような合理性を持つ組織設計者を仮定することになり、限定された合理性の仮定と矛盾する。コンティンジェンシー理論は、こうした組織デザイン基準を外部環境においた。その結果、環境コンティンジェンシーに応じてそれぞれの環境に適した組織がある、という彼らが批判してきた古典的組織論と同様の論理構造に陥ってしまった。

一方で、変化の源泉を組織内部の意思決定前提の修正に求めると、意思決定前提自身を評価する基準を必要とする。しかし意思決定前提をさかのぼっていくと、価値前提さらには根源的諸仮定にたどりつくが、自らが前意識的に信じている根源的諸仮定を、いったい誰が、いかにして疑うことができるのか、という問題に陥ってしまう（Kuwada, 1998）。もしその可能性を認めるとすれば、それは超越的に客観的合理性を持つ主体を仮定せざるを得なく

なり，限定された合理性の仮定と矛盾する。

　結局，意味や価値の変化をあつかう「実践の科学」としての経営学を議論するには，安定を常態とした組織観ではなく，バーナードが指摘したような，変化を常態とする組織理論があらためて構築されなければならない。

II．協働体系の実践論的視座

　バーナードがダイナミックな実践の科学としての経営学を意図したにもかかわらず，その後の経営学で失われてしまったのは，論理実証主義を中心とする当時の「科学」観では，サイモンの『経営行動』の「はしがき」で指摘した，第1の水準，第2の水準の知識を扱えなかったためである。しかし，コンティンジェンシー以降，存在論の不可能性が議論され，さらに言語論的転回を達成した形而上哲学の限界を克服するため，構造化理論や社会構築主義，新制度派組織論やアクターネットワーク理論，コミュニケーションシステム論，認知科学分野での実践の共同体や正統的周辺参加モデルなどによって，あらためて真理は経験的次元にあるという現象学的基礎を必要としてきた。こうした一連の潮流に共通する現象学的視点を基礎とした思想的潮流を「実践論的転回（Practice Turn）」（ここで詳細を論じる紙幅はないが，例えば，Shatzki et al. 2001）として把握するとき，我々はあらためて経験科学としての「実践の科学」として経営学を構築する用語と方法論を得ることができる。

1．実践論的視座

　「実践」とは，協働状況というその場の布置において，埋め込まれ実現される人間の行動を意味する。サイモン流の意思決定前提から導かれる行為のプランと区別し，人間の行動をそれが展開される状況のなかに埋め込まれた「実践」として記述する。「実践」は，意思決定によって導かれるプランの他，人が使用する道具や物理的空間配置その他の人工物，行為者の身体，学習された心理的特性，物像性をもつ道具やシンボル，制度，さらに他者の実践の布置を同じ次元でリソースとして「参照」しつつ展開される（e.g. Golsorkhi et al. 2010; Lave and Wenger 1991; Shatzki et al. 2001; Suchman 1987)。「実践」概念は，意思決定によるプランを否定するのではなく，それも参照されるリソースの一つであると考える。

　ここで「参照」という能動的な概念を用いるのは，人間が行動すること，すなわち実践を通じて，物的・生物的・心理的・社会的諸要因が一つの全体として連関性を付与される，言わば世界が作られると考えるからである。意識的な意思決定と無意識的な慣習行動というような単純な階層構造（ないし対立構造）を提示しているわけではない。「実践」をこのように捉えると，バーナードがその理論の根幹に仮定した「過去および現在の物的，生物的，社会的要因である無数の力や物を具体化する，単一の，独特な，独立の，孤立した全体」（翻訳書，13頁）としての人間と経験的実在としての組織こそ，今日実践的転回の議論を先取りしていたのである。

　第1に，実践の協働体系は，変化を常態としている。もし不変の要素を見いだすとすれば，人間の本性として学習・変動することに適しているという可変性だけである（Elias 1970）。新しい実践の経験と不断の学習が，現在の協働を可能にするとともにその変化への耐えざる源泉となっている。

　時間の流れの中で，他者の行為だけでなく過去の諸行為をも参照しつつ，実践が展開されるとき，我々はそこに「歴史的連続性」を認識することができる（中川 1981）。こうした歴史的連続性の認識が，変化を語る際の「とりあえず」不変の基準となる。このつながりは，相互参照される実践を通じて事後的に再構成されうるので，つねに新しい関係性と意味生成の可能性を内包している。これがバーナードの強調する，歴史性を内包した社会性にほかならない。

　第2に，実践は本質的に多義的であり，その多義性（equivocality）は縮減しない。実践の世界には常に差異の生成メカニズムが内包され，変化の源泉は，時間・空間の流れの中で，実践そのものに常に付随している。実践の世界全体はきわめて多義的だが，多義性が縮減するように見えるのは，本来は経営者や研究者あるいはそれぞれの当事者が，観察者としての視座を仮定した段階で，一義的ないし一種の歴史として記述可能に見えるからである。しかしそれは常に，他のあり得る視座から見れば，また異なる意味に翻訳され

うる可能性を内包した暫定的なものにすぎない。

　第3に，実践の多義性が縮減しないとすれば，模倣を通じた同型化やイノベーションの普及プロセスは，決して同じ実践がコピーされていく過程ではない。むしろ模倣や普及は，それ自体が差異を生み出すメカニズムである。コミュニケーションは連関性の中で展開される実践にほかならず，必然的に差異を生む（佐藤 2008）。それが重要なのは，情報の伝達だけではなく，常に新しい差異が創発される契機となるからであり，それがまたコミュニケーションが続けられる条件ともなる。コミュニケーションは，情報のコピーではなく，本質的に創造機能を持っている。

2．全体としての協働体系

　我々の分析の単位は，様々な主体の実践，物的諸要因，心理的諸要因，社会的諸要因によって織りなされる連関性の世界であり，実践はそうした世界（コンテキスト）の中に埋め込まれている。実践がなければ世界は可能にならないとともに，ある特定の世界の中でしか実践は特定の意味を持たない。この実践の全体像こそが，バーナードのいう「協働体系」にほかならない。

　実践の意味は事前に与えられているわけではない。それが他の実践や人工物とどのように関連づけられるのか，その相互参照の過程の中，特定の視座のもとでしだいに明らかにされていく。実践の存在様態が，それが特定の時間や場所で生起し，関わる行為者の人体や心理，物象性をもつ諸対象，さらに他者の実践との関係によって，時間の流れの中で常に差異を生み出す可能性を含んでいる。

　協働体系において，組織は設計される対象物ではなく，そこに存在するのであり，諸個人の実践が体系として関連づけられていることが，そこに組織があることの証拠である（Barnard 1938）。バーナードが協働体系と組織を厳密に区別し，そこに組織デザインという考え方がないのは，企業などの協働体系も，実践が作り出す可能な世界の中で，組織によって特殊な体系的関係下に結びつけられつつダイナミックに変化していることが常態であることを示すためである。

　人間は本性として実践の中でのみ学習することに適しているという可変性

と，全体情況としての協働状況のダイナミックな関係は，バーナードの信念の表明に明確に示されている。

「私は人を自由に協働せしめる自由意思をもった人間による協働の力を信じる。また協働を選択する場合にのみ完全に人格的発展が得られると信じている。また各自が選択に対する責任を負うときにのみ，個人的並びに協働的行動のより高い目的を生み出すような精神的結合に入り込むことができると信じる。協働の拡大と個人の発展は相互依存的な現実であり，それらの間の適切な割合すなわちバランスが，人類の福祉を向上する条件であると信じる。」(Barnard 1938, 翻訳書，309頁)

協働体系の変化の源泉は，実践を通じた不断の学習にこそ求められるのである。

Ⅲ. 実践の科学としての経営学の可能性

本節ではバーナードの理論を実践論的視座に位置づけることによって，「価値」や「変化」を扱う「実践の科学」としての経営学がいかにして可能性になるのかを，いくつかを例示によって明らかにする。

1. 企業と組織，市場の関係

変化を常態とする実践が連関性の中で意味を持つということは，この世界は組織によって満たされているということを意味する。すべての実践は複数の結合子を持っていて，あらゆるものと結合する可能性をオープンにしつつ，ある特定の時点では特定の実践や諸要因との関係を強く持ち，他のものとの結合が弱いという様式で現象する。このような特定の連関性をもたらす力が，バーナードのいう組織の力である。顧客が企業組織のメンバーであるかどうかと言った不毛な議論があるが，「顧客」が組織に参加するのではなく，商品を購入するという実践を通じて人間は「顧客」になるのである。

企業という協働体系は，新制度派経済学が言うような市場の失敗から生まれたものではない。強い連関で結ばれた諸実践の協働体系の一つが，企業であり，それを可能ならしめているのは組織である。実践の連関の多義性や不

確実性,変化性は複雑に絡み合っているため,こうした組織の力がなければ調整は一般に不可能となる。これに対して,「価格」という単純な調整メカニズムだけでも十分な調整が可能な特殊な取引のみが,「市場」取引として任せることができるのである (Simon 1998)。

2. 組織目的について

サイモン (Simon 1964) や,サイヤート＝マーチ (Cyert and March 1963) に見られる組織目的の概念は,行為を選択するための意思決定過程に投入される制約条件の集合を意味する。しかし,バーナードが言う組織目的の本質,それは経営者の役割の根幹に関わるものだが,これとは全く異なることがわかる。

組織は設計されうる対象ではあり得ないとしても,しかし,人間の諸実践が互いに連関しつつも,盲目的で無目的なまま流されていると考えることは,人間に非常に強いストレスをかけることになる。こうした状況の中で,特定の部分集合の歴史に意味や運命,あるいは目的があり,その意味がなんであるかを告げる者があらわれると考えることが可能なら,人々はストレスから解放され,特定の組織に強くコミットするようになる (Elias 1970)。

バーナードのいう組織目的が,誘因の提供や協働意欲の確保に深く関係しているのはこのためである。組織を成立させ,協働体系を可能にする経営者の中心的機能は,このような意味での組織目的の決定である。それは多様な実践の連関が可能な世界の中に,「意味ある歴史」を生み出すことであり,人々の実践がその中において意味を持つことによって,協働意欲を引き出し,単純な誘因－貢献バランス以上の貢献を可能にする。

組織が大きくなればなるほど,こうした目的を実感できるものとしてコミュニケーションすることは難しくなる。バーナードにおいて,コミュニケーションの確保は,適切な管理者の選任をつうじてなされ,複雑な組織の運営はそうした管理者の相対的な比率に依存することになる。

3. 経営者の道徳準則と責任について

経営者自身の実践も協働体系に埋め込まれているとすれば,経営者はいか

にして目的を変更し,新しい戦略実践を展開できるのであろうか。

　経営者は,自らの企業の目的や歴史をシンボルや製品等を通じて物象化することによって,その瞬間から組織は過去となり,自らと距離を置き客観視することが可能になる。バーナードが「道徳準則」と呼んだのは,実践を通じて学習された自らと距離を置く態度である。道徳準則を構築し,それに責任を負うことができるようになった者を「経営者」と呼ぶと言って良い。

　経営者は組織を通じて,意思決定,その人が利用する道具などの人工物や物的諸要因,身体的・生物学的要因,学習されてきた個人的欲求や衝動などの心理的要因,同様に関係する他者の実践との諸連関の布置のうち,一つもしくはそれ以上のものに影響を与え,協働の結果を生じせしめる。自らの実践が組織を構成し,こうした制御を専門的に実践することこそ,バーナードのいう「管理職能」の本質である。彼が全体情況を重視しつつも,「全体情況を変えるための手段として,つねに特定の要因に働きかける」(Barnard 1938, 翻訳書,55頁)と指摘し,戦略的要因のダイナミックな変化とそれへの対応を重視しているのは,こうした経営者の役割を強調するためである。

4. 経営戦略論との関係

　経営戦略論は,アンソフ(Ansoff 1965)を端緒として構築されてきたが,彼の理論の根底にはサイモンの限定された合理性(アンソフのいう「部分的無知」)を前提した意思決定概念がある。したがって,経営戦略論が,企業内外の諸制約条件の分析におかれてきたのは,ある意味で当然の結果でもある。

　しかし,新しい戦略ドメインは,決して客観的に存在する訳でもなく,時間を抜きにして分析可能な対象として記述されるものではない。むしろ企業の実践を通じて明らかになる事業機会は,そこに巻き込まれてくる様々な人工物や参照される物象化された制度,それらを連関性の布置し直す動的プロセスを通じて創出される空間である(松嶋・髙橋 2009)。

　戦略とは,実践を通じて関係性あるいは布置が組み立てられるプロセス(Golsorkhi, et al. 2010)である。ドメインに関わる人々の貢献を一定の解釈のもとにまとめあげるのが,「道徳準則」を守る「責任」を持つ経営者によって設定される「組織目的」の倫理的側面である。それは,日々多様な実践が

展開されている連関の中に，一つのストーリーを見いだす歴史を事前に創造するような機能である（March 2010）。経営を実践するということは，このような意味での「組織」の三要素を通じて，絶えずシフトしていく戦略的要因に適切な作用を与え，有効性と能率を確保することにほかならない。

IV. おわりに

バーナードが提起した概念のうち，その後，ほとんど顧みられることがなかったものに「社会結合の専門化」（Barnard 1938，翻訳書，137頁）がある。実践の概念を導入することによって，我々はその意味と重要性を次のように位置づけることができる。

経営実践を通じた学習によってのみ，人は経営者らしくなっていく。経営者は，管理職能を専門に担う管理組織という場において，特定の人々の実践との組み合わせを基礎とした「社会結合の専門化」の単位を構成する。この「社会結合の専門化」を基礎とする単位組織は，実践による学習を通じて「道徳準則」と「責任」を身につけ，経営者らしく実践することを可能にする場となり，その学習の可能性は常に開かれている。経営者チームは，そうした学習を通じて組織に影響をあたえ，企業という協働体系を体系化し，戦略的に事業機会を生み出し，企業を成長させていくことが可能となる（Penrose 1959）。新しい戦略の展開と管理実践をつうじて展開される企業のダイナミックな成長プロセスは，このような意味で組織的な実践を通じた経営者チームの学習を通じて実現されるとともに，それを可能にするチームとしての経営者の学習とは，こうした実践の場を通じた学習である。

私たちは今，「実践」概念とその研究方法論を得て，単にバーナードに回帰するのではなく，バーナードが描いた「実践の科学」としての経営学の，失われた未来を再構築する基礎を得たということができよう。それは，「意味」や「価値」の変化を扱う経営学の展開となることだろう。

謝辞：本研究は科学研究費補助金，基盤研究（B）21330093，「経営学の実践的転回」（代表者：桑田耕太郎）の支援を受けています。本論文は，この研究プロジェクトのメンバーとの研究実践を通じた学習成果の一部であり，松嶋登先生（神戸大学）はじめ，ともに議論してくれたメンバー，ならびに有益なコメントをくださった匿名レフェリーに感謝いたします。

主な参考文献
Ansoff, H. I. (1965), *Corporate Strategy,* McGraw-Hill.（広田寿亮訳『企業戦略論』産業能率大学出版部，1969年。）
Barnard, C. I. (1938), *The Functions of the Executive,* Harvard University Press.（山本安次郎他訳『新訳 経営者の役割』ダイヤモンド社，1968年。）
Cyert, R. M. and March J. G. (1963), *A Behavioral Theory of the Firm,* Prentice-Hall.
Elias, N. (1970), *Was Ist Soziologie?,* Juventa Verlag.（徳安 彰訳『社会学とは何か―関係構造・ネットワーク形成・権力―』法政大学出版局，1994年。）
Galbraith, J. R. (1973), *Designing Complex Organizations,* Addison-Wesley.
Golsorkhi, D., Roulean, L., Seidl, D. and Vaara, E. (2010), *Cambridge Handbook of Strategy as Practice,* Cambridge University Press.
Kuwada Kotaro (1998), "Strategic Learning: The Continuous Side of Discontinuous Strategic Change," *Organization Science,* Vol. 9, No. 6.
Lave, J. and Wenger, E. (1991), *Situated Learning: Legitimate Peripheral Participation,* Cambridge University Press.（佐伯 胖訳『状況に埋め込まれた学習』産業図書，1993年。）
March J. G. and Simon, H. A. (1958), *Organizations,* John Wiley & Sons.（土屋守章訳『オーガニゼーションズ』ダイヤモンド社，1977年。）
March, J. G. (2010), *The Ambiguities of Experience,* Cornell University Press.
松嶋 登・高橋勅徳 (2009),「制度的企業家というリサーチプログラム」『組織科学』第43巻1号。
中川敬一郎 (1981),「組織の経営史的考察」，中川敬一郎『比較経営史序説』東京大学出版会。
Penrose, E. (1959, 1995), *The Theory of the Growth of the Firm,* 3rd. ed., Oxford University Press.（日髙千景訳『企業成長の理論』ダイヤモンド社，2010年。）
佐藤俊樹 (2008),『意味とシステム―ルーマンをめぐる理論社会学的研究―』勁草書房。
Schatzki, T. R., Cetina, K. K. and von Savigny, E. (2001), *The Practice Turn in Contemporary Theory,* Routledge, London and New York.
Simon, H. A. (1947, 1997), *Administrative Behavior,* 4th ed., Free Press.（二村敏子他訳『新版 経営行動―経営組織における意思決定過程の研究―』ダイヤモンド社，2009年。）
Simon, H. A. (1964), "On the Concept of Organizational Goal," *Administrative Science Quarterly,* Vol. 9, pp. 1-22.
Simon, H. A. (1998), *An Empirically-Based Microeconomics,* Cambridge University Press.
上野直樹 (1999),『仕事の中での学習―状況論的アプローチ―』東京大学出版会。

11 アクション・サイエンスの発展とその意義
――経営現象の予測・解釈・批判を超えて――

平　澤　　　哲

Ⅰ．はじめに

　社会科学では，理論と実践の分離，基礎研究と応用研究の乖離，思考と行為の分離という重要な問題が長年にわたって議論されてきた（Argyris 1993）。そして，これらの統合を目指した一つの試みがアクション・サイエンス（Action Science）という研究方法である。

　現在の経営学でも「反省的実践者」（Schön 1983）や「実践のコミュニティ」（Wenger, McDermott and Snyder 2002）等，実践者の活動やコミュニティの理論化が進展している。こうした実践にいち早く着目し，日常実践の中で理論の構築と検証を同時に行うことを目指したアクション・サイエンスは，現在の経営学の研究方法に対して重要な洞察を与えうると筆者は考えるのである。

　こうした問題意識に基づき，本稿は，アクション・サイエンスという研究方法に光を当て，その主張と経営学的な意義を考察する。具体的には，現象の記述・予測に焦点を置く実証主義，日常実践における人々の主観的な意味や相互行為の理解を強調する解釈主義，現実問題の批判と不要な抑圧からの人々の解放を目指す批判理論といった認識論をアクション・サイエンスが如何に批判的に摂取しているのかを最初にふりかえる。それから，これらの主張を生産的に結びつけるためにアクション・サイエンスが依拠する探究理論（Dewey 1938）とアクション・リサーチ（Lewin 1946）を検討する。次に，研究者と実践者の関係，知識の正当化，知識の一般化という観点からアクション・サイエンスの特徴を明確化させる。最後に，この研究方法の経営学上の

意義と課題を論じることにする。

II．主要な認識論の批判的な継承

　社会科学の他分野と同様に，経営学も「我々が世界を如何に知りうるのか」という認識論と深く関連している。如何なる認識論を選択するのかは，結果的に，当該研究の目的・方法・成果を規定していくことになる。アクション・サイエンスは，次の3つの主要な認識論を批判的に継承している。[2]

　第一には，自然科学の研究方法を社会科学に適用することを前提とする実証主義（Comte 1853）である。実証主義の組織研究者は，現象の記述と予測を目指し，ハードなデータ[3]を集め，明確な推論に基づき仮説を提示し，それを客観的に検証していく。彼らは，ある仮説が実際の観察・実験の結果と矛盾しうるという「反証可能性」（Popper 1959）を前提とし，客観的な検証を通じて，現象の因果関係を説明する普遍法則やカバー法則を解明しようとするのである。

　こうした原則にアージリスら（1985）は同意する一方で，これらが実行される方法に疑問を呈する。特に，現象の記述を強調することにより，実際の問題解決が後回しにされてしまうことや，因果関係を厳密に調査するために研究環境を一方的に統制することにより，被験者が依存的になり，研究結果が特定の方向に歪められてしまう恐れを指摘するのである（Argyris 1980）。

　第二の立場である解釈主義は，ローカルな文脈，行為者の主観的な意味，日常行為を理解する必要性を強調する（e.g. Tayor 1964; Schutz 1970; Geertz 1973）。また，実証主義では相対的に無視されてしまう現象の動態的な過程を捉えようとする（Rosen 1991）。こうした解釈主義に基づく経営学は，シンボル・意味・相互行為に注意を向け，ローカルな文脈の中で展開する日常実践のプロセスを明らかにしてきた。

　こうした主張に同意しながらも，アージリスらは解釈主義的な研究の問題点を指摘する。この立場は現象や出来事に関する多義的な解釈を認めるため，結果的に過剰な相対主義に陥り易い。特に，「社会的行為者によって理解される意味は如何にしてハードなデータになりうるのか」（Argyris, Putnam and

Smith 1985 p. 24) という課題が残されている。もしも適切な解釈と不適切な解釈を共に認めるなら，そうした姿勢は現実の深い理解を制約してしまう。

また，研究者が傍観者の立場に留まり，現実問題に窮している実践者を支援しようとしない姿をアージリスは批判した。例えば，クンダ（1992）は，ハイテク企業の防衛的な組織文化の中で苦しんでいる人々の社会的な現実をエスノグラフィーにより描き出す一方で，これらの人々が苦しみから抜け出すように助けようとしていない（Argyris 2004）。実際，こうした側面では，実証主義者と同様に解釈主義者も，実践者から距離を置いているのである。

こうした現象の予測あるいは解釈を超え，現実に内在するポテンシャルを明らかにし，抑圧からの解放を志向する規範性や，そのために人々の反省能力を向上させようとする批判理論，とりわけ，ハーバーマス（1971）の思想にアージリスらは共感した。特に，合理性・自由・正義・真実の基盤としての「理想的な会話状況（ideal speech situations）」という発想に強い共感を示した。ただし，理想的な現実を作り出すために，何を具体的にすれば良いかが明らかになっていない点に現在の批判理論の限界を見出している。日常実践の中で理想的な会話状況を如何にして生み出すことができるのか，という問いが未だに残されてしまっている。

これらの主要な認識論を批判的に検討しながら，アージリスとショーンは新しい立場を切り開こうとした。彼らによるアクション・サイエンスでは，現象の因果関係，明確な推論，厳しい検証という実証主義の原則を認める一方で，記述の過度な強調及び研究環境の一方的な統制という原則を修正しようとする。また，ローカルな文脈，行為者の主観的意味，日常行為を重視するという解釈主義の原則を継承する一方で，過度な相対主義及び現状の解釈に留まる傍観者的な姿勢を乗り越えようとした。さらに，批判的な反省や抑圧からの解放という批判理論の志向を受け入れる一方で，行為に対する具体的な示唆を伴わない批判理論の弱点を補おうとしたのである。

したがって，アクション・サイエンスは，①批判理論のように抑圧からの解放を目指し，②解釈主義のようにローカルな文脈における行為者の主観的な意味・行為に注意を向けながら，③実証主義のように現象の因果関係を解明し，仮説を検証することを目指す。それでは，一体，これらの異なる認識

論をどんな風に結びつけることができるのだろうか。ここで，彼らはデューイとレビンの思想・実践に解決の糸口を見出したのである。

III．アクション・サイエンスの基礎

　日常の行為に役立つ科学を発展させる上で，アージリスとショーンは，プラグマティズム，特に，デューイ（1938）の思想を参考にしている。デューイは，科学的思考と社会的実践の両方に共通する認識過程として探究を捉え，探求の5つの段階（困惑・知性化・暗示・推理・検証）を明らかにした。こうした探究を経て，不確実な状況は確かな状況へと再構成されることになる。デューイは，経験的な探究を社会実践まで拡大することにより，科学と実践の統合を目指した。「科学における実験は，人間が行為の最中に自分の考えをテストするほんの特殊なケースであるという所見は，プラグマティストの認識論の中核にある」とアージリスら（1985, pp.6-7）は主張する。実際，デューイは自らの哲学的考察を教育実践に適用し，実践的な哲学を志向した。

　これと同様に，アクション・サイエンスも科学と実践の統合を目指している。特に，実践の中の反省（Schön 1983）の能力を人々が高めるように支援する。それでは，こうした意図を如何にして実現できるのだろうか。

　デューイの発想を社会科学において実現可能にした一人がレビンである。レビンは，文化人類学における記述重視を批判し，望ましい方向へ文化を変えるために最善を尽くす実験的な文化人類学の必要性を主張した。デューイのように，レビンも現象の記述を超え，新しい社会現象を生み出すための活動，例えば，社会の少数派に関連した問題の解決に従事した。こうした中で生まれたのがアクション・リサーチ（Lewin 1946）である。この方法では，研究者は現実問題の解決に参加しながら新しい理論を構築していく。「世界を理解するための最善の方法は，それを変えてみることである」というレビンの発想は，従来の認識論からの大きな転換を意味した。即ち，あるがままの現象の記述ではなく，現象を変化させる過程の中で現象の潜在的な性質を解明しようという発想がアクション・リサーチの中心にある。

　また，もう一つの重要な示唆が，「優れた理論ほど実際に役立つものはない」

というレビンの言葉に込められている。研究者には，普遍的な真理よりも，現実の問題解決に役立つ理論を生み出すことが求められる。実際，レビンの作り出した概念・理論は，経営学の理論開発に貢献するだけではなく，組織開発の活動を通じて実践の問題解決にも応用されている[4]。こうした役立つ理論の発想は，アクション・サイエンスにも継承されているのである。

要約すれば，デューイやレビンの思想・実践はアクション・サイエンスの基礎を形成する。アクション・サイエンスは，問題解決という変化の過程を通じて実践にアプローチし，実践に役立つ知識を生み出すことを目指す。こうした方法により，抑圧からの解放，行為者の主観的意味の理解，③因果関係の解明・検証という異なる要請に応じようとするのである。

Ⅳ．アクション・サイエンスの構築

探求を通じた科学と実践の統合及びアクション・リサーチを踏まえ，アージリスらは如何なる研究方法を発展させたのであろうか。ここでは，アクション・サイエンスの輪郭を描きながら，その特徴を明らかにしていく。

従来のアクション・リサーチと同様に，アクション・サイエンスのプロセスは，問題の診断，変革の計画・実施，成果の評価，知識の一般化から構成される。具体的には，診断の段階では，ダブル・ループ学習[5]を必要とするような問題に関するデータが集められ，問題の因果関係についての仮説が構築される。変革段階では，研究者は仮説を実践者にフィードバックする。変革セミナーでは解決策を研究者と実践者が協力して発展させる。例えば，部門間の対立を減らすための介入活動が計画・実施されることになる。評価段階では，実際の行為を通じて変化を生み出すことができたのかどうかが検証される。最後に，知識の一般化では，当該組織から別の組織へと問題解決の範囲を広げていくことにより，研究者は知識の適用範囲を広げようとする。こうしたアクション・リサーチの基本プロセスを踏襲しながらも，アクション・サイエンスは，以下の独自な特徴を発展させているのである。

第一の特徴は，研究者と実践者のパートナーシップである。従来のアクション・リサーチでは，行動科学の専門家としての研究者がクライエントとして

の実践者に解決策を提示する役割を担う。この関係では,専門家である研究者が素人の実践者よりも権力を多く持つことになる。テクニカルなエキスパートである研究者の指示に実践者が従うという権力の階層関係が暗黙的に前提とされている。他方,アクション・サイエンスは両者のパートナーシップを前提とする。ここでは,クライエントは反省的な実践者として,自らのローカルな知識を研究者に提供することにより,問題解決の中で主体的な役割を担う。研究者と実践者の相違は専門知識の量にあるのではなく,各々が持つ知識の固有性に由来する。したがって,変革は両者の協力により成し遂げられる。研究者には,実践者からの批判に建設的に対応し,高い水準の探究を導くための対話能力が要求されるのである。

　第二の特徴は,実践者のコミュニティにおける知識の正当化である。従来のアクション・リサーチでは,研究者のコミュニティが知識の正当化において中心的な役割を担っていた。実証主義に基づくアクション・リサーチを行うなら,研究者コミュニティを主要な聴衆として想定し,定量的分析により仮説が検証されることになる。他方,アクション・サイエンスでは,実践者コミュニティにおいて知識の真偽が確かめられることになる。この場合の検証は,「オンライン(その場面)」の定性的なテストである。具体的には,研究者と実践者はフィールドの中で実験を協力して計画・実行し,その場の間主観的な相互承認を通じて仮説を検証していく。この場合の検証は,ロール・プレイや録音再生による観察可能なデータに基づき,行為者の意図と達成された成果の比較により行われる。例えば,防衛的な反応を減らすという意図が果たされたかどうかが観察データに基づいて評価される。ここでは,仮説は少数の概念から構成され,反証可能な形式で表現されるのである。

　第三の特徴は,行為可能な知識(actionable knowledge)による一般化である。現象の規則性を捉える科学的知識のように $y = f(x)$ という定量的で精密な因果関係の解明をアクション・サイエンスは目指していない。アージリス(1996)によれば,従来の科学的知識は実践者にとって以下の問題がある。第一に,実践家は研究者のように社会環境を一方的に統制するための権力を十分に持っていない。第二に,一方的に環境を統制するための時間を十分に持っていない。第三に,人間の認知的な合理性に限界があるため(Simon 1969),

リアルタイムの状況下で科学的知識を十分に扱うことができない。

したがって，アージリス（1993）は，実践に役立つ知識としての行為可能な知識の使用を提案する。それは統制の難しい，不確実な実践の中で，リアルタイムの反省に実践者が利用し，その妥当性を確かめることができる知識を意味する。こうした知識は，「記述性（現実の記述と理解）」，「規範性（解決方法の提示）」，「指示性（必要な行為の特定）」といった性質を合わせ持っている。例えば，アージリスらは，ダブル・ループ学習を制約する防衛的ルーティンを減少させるための理論を発展させた。ここでは，モデルⅠとモデルⅡという２つの行為方略を明らかにし，モデルⅠが防衛的ルーティンを生じさせるパターンを示す一方で，モデルⅡという代替的な行為を通じて防衛的なルーティンが減少されるパターンを明らかにした。つまり，学習制約のメカニズムを記述するだけではなく，行為可能な知識を使って状況を変革させるための具体的な道筋を示しているのである。

一方，ショーン（1983）は，実践者が不測の事態に直面し，新しい状況を理解するために活用できるスプリングボードの機能を知識に求める。こうした知識を創造する才能ではレビンが卓越していた。例えば，レビンによるゲート・キーパーというメタファーや変化の三段階モデルは，関連する現象を理解するために役立つという一般性を持ちながらも，人々が個々の状況で問題の原因を反省し，解決の糸口を考える場合にも役立ちうる。こうした知識は，状況の統制よりも，状況における反省能力の向上に貢献するのである。

要約すれば，アクション・サイエンスでは，研究者は実践者と協力して問題解決に取り組み，新しい知識の妥当性を実践者コミュニティの中で検証し，それを行為可能な知識として生み出し，継続的に修正していく。こうしたサイクルを通じて，社会に役立つ科学的な研究を研究者は遂行できるのである。

Ⅴ．アクション・サイエンスの経営学的な意義と今後の課題

これまでに見てきた通り，アージリスとショーンは，実践に役立ちうる科学のあり方を探求し，一つの包括的な研究方法を発展させた。最後に，アクション・サイエンスの現代経営学に対する意義と今後の課題を考察する。

1. アクション・サイエンスの意義

　アクション・サイエンスの第一の意義は，予測・解釈・批判という従来の認識論を批判的に継承しながらも，それらを超えて，実践の問題解決に直接役に立ちうる具体的な手段を発展させていることにある。この立場では，現場で容易に使えないフォーマル・モデルによる現象予測，ローカルな文脈における人々の多義的な解釈パターンの理解，現実問題の批判を超えて，新しい社会的な現実を作り出すために研究者は実践者と協力する。実践と科学を同時に志向する点でアクション・サイエンスの存在は際立っている。

　第二の意義は，知識の「応用」として格下げされてきたアクション・リサーチが知識生成のための科学的な研究方法になりうることを明らかにした点にある。従来の実証主義の経営学から見ると，アクション・リサーチは深刻な欠点を抱えている。即ち，その方法では，研究環境を厳密に統制できないため，獲得される知識の妥当性・信頼性が十分とは言えないのである。このため，アクション・リサーチは基礎研究の下位に位置づけられる応用研究として格下げされてきた。しかし，そうした見方は，基礎研究と応用研究を乖離させてしまうことになった。しかし，アージリスとショーンは，研究者と実践者の協力，実践状況の中での知識の検証，行為可能な知識の生成という原則を発展させることにより，アクション・リサーチも科学的な研究方法に十分になることを示したのである。アクション・リサーチは，今や，基礎理論を生み出すための重要な研究方法として捉えられるようになったのである。

　第三の意義は，経営学における主観主義と客観主義を橋渡す一つのモデルを提示していることにある。実証主義の研究に見られる客観主義は，研究環境の厳密な統制を前提とするため，作り出される研究環境は複雑な実践状況から大きく乖離してしまうことになる。このような客観主義のリサーチ原則に固執すると，曖昧な，不確実な実践を十分に捉えることができなくなってしまう。他方，解釈主義の研究に見られる主観主義では，行為者の主観的な意味が厳密に検証されないため，多様な解釈が混在することになる。しかし，実践の問題状況では，実践者は多様な解釈よりも適切な解釈を求めている。多様な解釈の氾濫は，実践者の判断を難しくする。かくして，客観主義と主

観主義のいずれも，実践者に十分に役立つとは言えないのである。

　ここで，アクション・サイエンスは両者の中間的な選択肢を提供している。客観主義と同様に因果関係の解明と検証を目指すけれども，客観主義と異なり，実践状況における間主観的な検証を通じて因果関係を確かめていく。また，主観主義と同様に人々の主観的な意味・解釈に注意を向けるけれども，主観主義とは異なり，主観的な解釈を問題解決に対する貢献の程度に応じて評価している。結果として，より妥当な解釈が洗練されていくことになる。

　このようにして，客観主義と主観主義に基づく既存のリサーチ原則を部分的に修正することにより，アクション・サイエンスは対極的な両者を生産的に結びつけうる重要なリサーチ・モデルになっているのである。

　要約すれば，実践の問題解決への直接的な貢献，基礎研究の方法論としてのアクション・リサーチの確立，客観主義と主観主義の橋渡しという点にアクション・サイエンスの経営学的な意義を筆者は見出すのである。

2．アクション・サイエンスの今後の課題

　上記の意義を有しながらも，アクション・サイエンスには重要な課題が見出される。第一の課題は，それが対象とする組織現象の範囲に関する制約である。この研究方法を用いてアージリスらが明らかにしてきた組織現象は，組織内のグループ・ダイナミクスを中心としたミクロ組織行動の範囲に限定されている。その中でも，特に，個人と組織の防衛的な反応の減少及び組織学習が主な研究対象であった。こうした問題の解決に対する有効性は認められたとしても，その他の様々な組織現象にもアクション・サイエンスが適用されうるかは明らかではない。例えば，組織間関係あるいは，それらを含むマクロ水準の組織問題を調査する上で，アクション・サイエンスの原則が有効であるかどうかには疑問が残るのである。特に，実践者のコミュニティにおけるオンラインの間主観的な検証という原則を強調するならば，マクロ水準の組織現象に対するアクション・サイエンスの適用は難しくなるものと思われる。なぜなら，そうした現象は，その場で検証できるような狭い範囲の，反復的な現象に限られないからである。

　第二の課題は問題解決のための介入における多様性の欠如である。アージ

リスらは，モデルIIの行為による介入を長期にわたって実行し，組織の問題を解決してきた。こうした実績を踏まえるなら，この介入方法がダブル・ループ学習を促すという証拠は十分に蓄積してきていると評価できるだろう。ただし，その反面，介入のバリエーションは殆ど増えていない。アージリスの理論と実践の主張に対して，ワイク（2003, p. 466）は，唯一の最善策という処方箋が行為可能な知識自体の修正を制限してしまう恐れを指摘している。筆者も同様に，様々な問題の原因をモデルIに帰し，モデルIIの行為により問題を解決するという"ワン・パターン"の介入には疑問を抱かざるを得ない。なぜなら，価値観が葛藤するような多元的な課題の場合，複数の手段の組み合わせが大切になると思われるからである。また，アージリスらが認めるようにモデルIIの習得自体が極めて難しいのであるならば，相対的に容易に実行可能な介入の開発も重要になる。したがって，今後は，アクション・サイエンスにおける介入方法のバリエーションの発展が求められるのである。

VI. おわりに

経営学では，科学的なリサーチから得られた理論的な知見が実践の問題解決には十分に役立たないという批判が繰り返しなされてきた。他方，実践の問題解決を前提としたアクション・リサーチは，信頼できる正当な科学的研究方法として十分に評価されていない。かくして，科学的なリサーチと実践的なリサーチの間には大きな乖離が存在してきたのである。

ショーンとアージリスは，実践問題の解決に深く参加し，複雑・多義的な現実問題の解決と基礎理論の構築というジレンマに葛藤しながら，両者を同時に達成できるように献身し，一つの方向としてアクション・サイエンスを結実させた。彼らのように科学的研究と実践の統合化を真に受けとめようとする研究者は，これらの歴史を引き継ぎ，より高いレベルの統合化を実現できるように一層尽力する必要があると筆者は結論づけるのである。

注
1） ハーバーマス自身による概念の使い方（Habermas 1968）と，この概念に関する組織研究者側の解釈（Alvesson and Willmott 1992）を踏まえ，本稿は，不必要な抑圧や隷属状態から人々

を自由にすること，として解放という概念を捉える。
2） 本稿の中の実証主義・解釈主義・批判理論という分類は，アージリスらの主張と近年の組織研究の潮流を踏まえ，筆者なりに再構成したものである。彼らは，① 科学のメインストリーム（論理実証主義・実証主義・批判的合理主義等），② カウンタービュー（現象学，解釈学的アプローチ等），③ 実践的知識としての科学的合理性（ポスト経験主義），④ 批判理論という4つの立場との関連でアクション・サイエンスを論じた。これらの中では，実証主義・解釈主義・批判理論の立場からの組織研究が近年発展していることや，これらの名称が一般的に用いられることを踏まえ，これらとの関連でアクション・サイエンスを論じることにした。
3） ハードなデータとは「異なる観察者によって，その妥当性が確かめられうるデータを意味する」(Argyris, Putnam and Smith 1985, p. 12)。
4） 例えば，ゲート・キーパー，心理的成功，解凍・変革・凍結の変革モデルが挙げられる。
5） 考え方のフレームや価値観の変化を含む学習をダブル・ループ学習とアージリスは呼ぶ。

参考文献
Alvesson, M. and Willmott, H. (1992), "On the Idea of Emancipation in Management and Organization Studies," *Academy of Management Review,* Vol. 17, No. 3, pp. 432-464.
Argyris, C. (1980), *Inner Contradiction of Rigorous Research,* Academic Press.
Argyris, C. (1993), *Knowledge for Action: A Guide to Overcoming Barriers to Organizational Change,* Jossey-Bass.
Argyris, C. (1996), "Actionable Knowledge: Design Causality in the Service of Consequential Theory," *Journal of Applied Behavior Science,* Vol. 32, No. 4, pp. 390-408.
Argyris, C. (2004), *Reasons and Rationalizations: The Limits to Organizational Knowledge,* Oxford University Press.
Argyris, C., Putnam, R., and Smith, M. D. (1985), *Action Science: Concepts, Methods, and Skills for Research and Intervention,* Jossey-Bass.
Comte, A. (1953), *The Positive Philosophy of Auguste Comte, i,* trans. Martineau, H., Chapman; reprint, Cambridge University Press, 2009.
Dewey, J. (1938), *Logic: the Theory of Inquiry,* H. Holt and Company.
Geertz, C. (1973), *The Interpretation of Cultures,* Basic Books.（吉田禎吾・中牧弘允・柳川啓一・板橋作美訳『文化の解釈学』岩波書店，1987年。）
Habermas, J. (1968), *Technik und Wissenschaft als 'Ideologie',* Suhrkamp.（長谷川宏訳『イデオロギーとしての技術と科学』平凡社，2000年。）
Habermas, J. (1971), *Knowledge and Human Interests,* trans. Shapiro, J. J., Beacon Press.
Kunda, G. (1992), *Engineering Culture: Control and Commitment in a High-Tech Corporation,* Temple University Press.（金井壽宏監修・樫村志保訳『洗脳するマネジメント』日経BP社，2005年。）
Lewin, K. (1946), "Action Research and Minority Problems," *Journal of Social Issues,* Vol. 2, pp. 34-46.
Popper, K. (1959), *The Logic of Scientific Discovery,* Basic Books.（大内義一・森 博訳『科学的発見の論理』恒星社厚生閣，1971-1972年。）
Rosen, M. (1991), "Coming to Terms with the Field: Understanding and Doing Organizational Ethnography," *Journal of Management Studies,* Vol. 28, No. 1, pp.1-24.
Schön, D. A. (1983), *The Reflective Practitioner: How Professionals Think in Action,* Basic Books.（佐藤 学・秋田喜代美訳『専門家の知恵』ゆみる出版，2001年。）

Schutz, A. (1970), *On Phenomenology and Social Relations,* (edited by Wager, H. R.), The University of Chicago Press. (森川眞規雄・浜日出夫訳『現象学的社会学』紀伊国屋書店, 1980年。)
Simon, H. A. (1969), *The Science of the Artificial,* MIT Press. (稲葉元吉・吉原英樹訳『システムの科学』ダイヤモンド社, 1977年。)
Tayor, C. (1964), *The Explanation of Behavior,* Routledge & Kegan Paul.
Weick, K. E. (2003), "Theory and Practice in the Real World," In Tsoukas, H. and Knudsen, C. (Eds.), *The Oxford Handbook of Organization Theory,* Oxford University Press, pp. 453-475.
Wenger, E., McDermott, R., and Snyder, M. W. (2002), *Cultivating Communities of Practice,* Harvard Business School Press. (野村恭彦監修・櫻井裕子訳『コミュニティ・オブ・プラクティス』翔泳社, 2002年。)

12 マズローの思想と方法

山 下 　 剛

Ⅰ．はじめに

　Maslow の理論は，1960年頃から経営学において大きく取り上げられ，そのうち，欲求階層説と自己実現論が盛んに論議されてきた。前者は，まずマグレガーにおいて援用されて大きく注目された後，1970年頃，Alderfer の ERG 理論（Existence, relatedness and growth theory）が登場して異なる欲求カテゴリーの数・種類とカテゴリー間の秩序を示し，さらに実証を行って，この問題の科学性を高めた。以降，欲求階層説は ERG 理論によって修正されたとの認識が一般的となり，欲求階層説の研究は下火となっている。これに対して，近年では後者の自己実現論を中心にして Maslow 研究が進んでいる。そこでは定説と呼べるものはまだないが，様々な見解が現れ，これまでの Maslow 研究では光の当たらなかった部分が明らかになってきている。
　これまで Maslow 理論は一貫して〈モチベーションの内容論〉として理解されており，いわゆる行動科学として理解されているという点では一致している。モチベーション論あるいは行動科学は「行動をいかにして引き出すか」を問題とするものであり，仮説の設定から実証を通じて，その科学性を高めてきた。これは組織目的達成の手段を精緻化していくものであった。しかし，Maslow は，こうした組織目的達成の手段として自身の理論を打ち立てたのであろうか。本稿では，Maslow の思想と方法について吟味し，Maslow 理論の全体像について再考する。その際には，Alderfer 理論は Maslow 理論を本当に越えたのかを問いたい。その上で，経営学に対する若干の示唆を考える。

II. 経営学におけるマズロー理論

　ひとまず、Maslow 理論が経営学においてどのように評価されてきたかを振り返っておく。経営学において Maslow 理論は、乗り越えられたとされつつ近年再び取り上げられている。

　大きくは3つの段階があると言える。第一に、マグレガーX-Y理論による欲求階層説の援用であり、これによって「Maslow 理論＝モチベーション論」という評価が定着した。モチベーション論とは何か。それは様々に定義できるであろうが、一般的な定義は、「人間行動の方向づけ、強度、持続性について説明し、コントロールすること」である (e.g. Locke and Latham 2004)。モチベーション論は、組織目的達成のために、人間からいかにして行動を引き出すかを考えてきた理論だと言える。

　第二に、Alderfer (1972) の ERG 理論の登場によって、「Maslow 理論には実証的支持がなく、ERG 理論によって修正された」という評価が定着した。周知のように、ERG 理論は、欲求のカテゴリーの数と種類およびカテゴリー間の秩序について欲求階層説を修正した上で、その実証的な支持を示して、自らの理論の妥当性を示したものである。この ERG 理論については後で改めて詳述する。

　第三に、近年の動きとして自己実現概念の探究がなされている。大きく言えば、①「自己実現はモチベーションの問題ではない」(金井 2001)、②「Maslowの自己実現概念は自己中心的なものではない」(松山 2000)、③「Maslowの自己実現概念理解には初期・中期・後期の段階があり、自己実現者はB価値を有する」(三島斉 2006) などの主張が出てきている。

　これらの動きは、Maslow 理論を欲求階層説と自己実現論に分けて捉えたとき、次のようにまとめることができる。第一に、欲求階層説については、ERG 理論によって修正されたという見解が定着している。事実として、ERG 理論はモチベーション論の観点からその科学性を高めた。第二に、高次欲求の存在については今も認められており、それが Maslow の肯定的評価として現在の自己実現概念再考の動きにつながっている。ただし第三に、Maslow 理

論は一貫してモチベーション論と解されている。

Ⅲ．マズローの思想——その心理学観——

以上の Maslow 理論に対する評価は，はたして十分であろうか。彼には「心理学の哲学（A Philosophy of Psychology）」(1957) という論文がある。ここには，経営学では顧みられてこなかった Maslow 像が浮かび上がってくる。

この論文で示されているのは，まず彼の心理学への自負であり，「これ以上に重要な学はない」という意識である。そこでは，心理学とは，人間の幸せのための学であり，世界が救われるかどうかは心理学にかかっていると指摘される。なぜなら，医学や物理学や経済学など様々な学問があるが，それらは手段であって，よい人間にかかればよい道具となるが，悪い人間にかかれば悪い道具となる類のものであり，したがって，善とは何か，悪とは何か，心理的健康とは何か，心理的不健康とは何かを明らかにして，よい人間を生み出すことが全ての根本だからである。Maslow は人間性を向上すれば全てが解決すると述べる。そのためには人間性の理解，心理的健康と心理的不健康についての理解が不可欠だとするのである。

しかし，Maslow が見て，心理学はそのような方向に向かえるものとなっていなかった。彼は，心理学研究者の間の仲間集団をギルドと呼び，自分はこうしたギルドに属しているだけの者を心理学者とはみなさず，逆に人間の深遠で重要な課題を自らの肩に負わせている人ならばそうした人全てを心理学者とみなすと述べている。

この論文では心理学に対する14の提案がなされる。それらを大きくまとめれば，次の点となる。① 人間性の深淵を研究すべきであり，価値・哲学・無意識など，目に見えないものにも向かうべきである。② そのためには手段中心でなく問題中心で取り組むべきであり，心理学者以外のあらゆる人の声に耳を傾けるべきである。③ 心理的健康のために何が必要かわかったら，健康を育む文化（the health-fostering culture）という課題に向かうべきである。

IV. マズローの方法——その科学観——

　以上の心理学観をもつことは，必然的に方法の転換を心理学に迫ることになる。それは従来と異なる科学観をもつということである。Maslow は主として，『宗教・価値・至高経験』(1964) や『科学の心理学』(1966) によって，彼自身が〈科学概念の拡張〉と呼ぶ科学論を展開していく。先述の彼の心理学観が示すことは，心理学は諸個人の心理的健康を実現しなければならないということである。それは，人間をより自由で，創造的で，内部決定的にするということである。そのためには従来の行動主義的なものを越える必要がある。なぜなら，〈心理的健康〉の研究は，〈行動〉の研究とは異なって，価値の問題が入ってこざるをえず，またその研究対象が必ずしも目に見えないからである。かくして，Maslow は，二つの方向性において科学概念の拡張を唱えることになる。すなわち，科学の対象として価値を含めること，そして科学の方法として経験的知識を含めることである。

　価値を含めて科学概念を拡張するということについて考えたのが，『宗教・価値・至高経験』であった。そこでは，科学が没価値になったのは，宗教と科学の二分化が原因であると指摘されている。宗教と科学の二分化は，結果として宗教も科学もいずれもが価値を扱えないようにしてしまったと Maslow は言う。すなわち，第一に，組織化された宗教（organized religions）は，自らを事実・知識・科学から切り離し，典礼墨守に陥り，宗教的経験という最も重要な価値的側面を経験できない存在としてしまった。第二に，宗教的な解は現代において通用しないことが多いとしても，宗教的問いは深く人間の本性に根付いており健全である。それにもかかわらず，科学は宗教の提起したものをまるごと否定してしまった。これによって科学も価値を扱えなくなった。ここからわかることは，価値を考える場合には，価値と事実を切り離してはならないということである。

　次に，この価値と事実は切り離せないという考えを受けて，経験的知識を科学的なものの一つとして取り入れるべきであるという主張が『科学の心理学』によってなされた。経験的知識とは，傍観者的知識や抽象的知識とは対

照的なものであり[1]、対象と同一化することで得られる、対象のありのままの知識である。『科学の心理学』は、主として行動主義批判の上に経験的知識を活用することの重要性を説くものとなっている。経験的知識が重要な理由は次の二点である。第一に、経験は全ての知識の基礎だからである。Maslow は、知識を、単に経験的なものから実証を経た抽象的なものまで階層的に把握し、この中で経験的知識は、知識の第一段階にすぎないとしても、それなくしては知識は成り立たないという意味で、科学の中に含めるべきだと主張する。第二に、科学的であるか否かは一つには客観性が存在するかどうかの問題だが、経験的知識には客観性が存在しうると Maslow は考えていた。彼によれば、客観性には、科学的客観性（scientific objectivity）と、配慮から生まれる客観性（caring objectivity）が存在する。科学的客観性とは、何よりも「事実として見えること」が重要と考えるものである。それは、観察者の主観が排除されているがゆえに「客観的」と呼ばれる。これに対して、配慮から生まれる客観性は、主観が入ることを認める。しかし、それは、主体が偏見なくありのままを見ているという意味で「客観的」とされるのである。Maslow が思い描いているのは、自己実現者である。心理的に健康な存在としての自己実現者は、利己的な欲求に引きずられたり、常識的な偏見に囚われたりすることなく、可能な限り広範囲の人への配慮をもって、この意味において主観的でありながら客観的に、多面的・包括的な視野で物事を捉えることができる。Maslow は、経験的知識にはこうした配慮から生まれる客観性が存在しうると述べるのである。

　Maslow の方法の特徴は、価値は科学的に研究できるとした点にある。ただし、価値は事実と切り離しては把握することができない。その考えが、経験的知識を科学に含めなければならない、という主張へと展開する。経験的知識には、配慮から生まれる客観性が存在しうる。配慮から生まれる客観性とは、主観の中で客観的に把握するというものであり、事実だけでなく価値を入れて対象を把握する客観性である。Maslow が科学に求めたのはこのことであった。

V. マズロー理論再考

以上の Maslow の思想と方法を踏まえて, Maslow 理論とは何かについて改めて考えてみたい。前述のように, Maslow 理論＝モチベーション論というのが経営学における定説であり, モチベーション論は Alderfer に代表されるような形で仮説が設定され実証され科学性を高めてきた。Maslow の思想と方法を見たとき, こうした理解はある意味で再考を求められることになる。

翻って, Maslow の心理学観・科学観は, 通常一般よりもかなり広義のものである。彼は心理学の哲学について論じ, 科学概念の拡張という作業を行った。それは何を意味しているだろうか。一言で言えば, それは, 三戸公教授が『管理とは何か』(2002) で述べている哲学的接近を科学に取り込むという作業であったと考えられる。三戸 (2002) では, 科学と哲学を区別し, まず科学については「対象を限定し・細分化し・専門化し, そして対象把握の方法を限定し厳密にして」接近していくこととする。これに対して哲学とは, 何らかの価値体系を前提として全体と部分を統合的に把握し, したがって対象の位置・意味を把握するものという位置づけが与えられている。さらに, 科学が目的的結果を目指してひたすら機能性を追究していくのに対して, 哲学は目的的結果に対する随伴的結果を常に意識することになる。

経営学の大家であると同時に, 優れた技術論者でもある Drucker (1970) によれば[2], 元々, 科学は哲学の一分科であった。すなわち, そもそも科学も哲学と同様,「理解 (understanding)」, 人間精神の向上に焦点を合わせていた。しかし, その後, 両者は袂を分かつ。すなわち, 1720年頃から「技術の表出 (emergence of technology)」, つまり今の用語で言えば, 技術の形式知化が進行するのに伴って, 科学は「統制 (control)」と「使用 (use)」に焦点を合わせたものに変わるのである。つまり中立であった科学が, 技術と結合するという事態が起こった (Drucker 1970, pp. 178-179)。このような技術に奉仕する存在としての現代科学は, 対象の細分化・専門化と方法の限定・厳密化が求められることになる。それは, Whitehead (1933) が科学の特徴を「個々の観察と帰納的一般化」と述べているように (p.143, 翻訳書,

195頁），正確さを求める技術に奉仕する科学にあって，「観察可能なものによるテスト」は，科学の欠かせない特徴となるからである[3]。したがって，どれだけ M. Polanyi や Kuhn（1962）のように知識発展における主観的側面の重要性を強調する議論が出て，科学哲学における一つの大きな流れになろうとも，大勢は理論の確証を求めて実証に向かうこととなる。それは技術への応用を考えたとき避けることができない。一方で哲学は，そうした科学の扱えない領域を扱う。Whitehead（1933）によれば，「哲学が力説するのは，普遍的に応用されるがゆえに，分類するということがおよそ不可能であるような一般化」であり（p.143, 翻訳書，195頁），「哲学は，事実の完全な実在性（the complete reality of fact）を性格づける諸々の一般性を探し求める」（p.146, 翻訳書，199頁）。つまり，哲学は科学のように細分化，分類するのではなく，包括的な視点で，事実の完全な実在性，つまりその対象の位置と意味を明らかにしていくのである。

　以上の科学と哲学の把握から，Maslow 自身が〈科学概念の拡張〉と呼んだものは，科学的であることを超えて哲学的な接近を取り入れるべきを主張したものと位置づけることができる。それは，心理学界の中で上記のような科学が席巻する世界にいた Maslow がその不備を感じて提唱したものである。

　さて，以上のように Maslow は，主観を排除する科学的客観性を志向し，ひたすら〈刺激－反応〉の因果関係を追究する行動主義に疑問を抱き，自らは心理的健康の実現という価値をもって，配慮から生まれる客観性というきわめて哲学的なアプローチで対象を把握すべきを主張し，実際にそれを実践した。

　このように位置づけたとき，Maslow 理論はモチベーション論ではないことも明らかとなる。それは第一に，価値・問題意識の観点からそのように言うことができる。モチベーション論とは，それが内容論であれ過程論であれ，外発的動機づけであれ内発的動機づけであれ，いずれにしても「人間からどう行動を引き出すか」を問題とし，外部からのコントロールを問題としており，その発想という点では，〈刺激－反応〉の行動主義を一歩も超えていない。しかし Maslow は，心理学は人間の幸福に資するべきものと考え，したがって，目に見える〈行動〉よりもむしろ，必ずしも目に見えず未だ経路もはっ

きりしない〈人間性の向上・心理的健康の実現〉に焦点を合わせた。これが彼の心理学の根幹であり，思想である。

　心理的健康とは何か。それはモチベーション論の観点とは逆に，「自分自身で自分自身をコントロールできる」ようになることであり，それは必然的に利己性とともに利他的な視点の受容，両者の統合を含意していると言える。なぜなら，他者からのコントロールを免れるには，単に利己的でも，単に利他的でもなく，彼我を客観的に把握できなければならないからであり，「他者にとっても自分にとっても良い」という認識と意志決定をその都度見出していくことだからである。それゆえ，価値観としてB価値（全体性，完全性，真，善，美など）を有していること，そのように思えるだけの現実に対する認識力（B認識），その認識からB価値を実践できるだけの創造力を有していることなどが，心理的健康の要件としてMaslowによって述べられることになる（e.g. Maslow 1968）。

　第二に，こうした思想を反映した結果，Maslow理論は方法においてもモチベーション論とは一線を画すことになる。すなわちモチベーション論はあくまでもMaslowの言う〈科学的客観性〉を貫こうとするのに対して，Maslowが重視するのはそれとは対極にある〈配慮から生まれる客観性〉である。

　さて，以上を踏まえて，AlderferのERG理論がMaslow欲求階層説を越えているのかを考えよう。まず改めて，Alderfer（1972）の議論を見直してみる。Alderfer（1972）によれば，その関心は，人間はいかに動機づけられるかを念頭に，人間の欲求（human needs）について明らかにすることであった。ここで欲求とは，人間が経験する願望（desires）と満足（satisfactions）の主観的状態を表す（欲求の満足・不満足が欲求願望の強さに影響を与える）。この枠組みから提示されるERG理論の仮説は大きく言えば，図1の通りである。ここでは，Maslow欲求階層説に対して，異なるカテゴリーの数・種類，および異なるカテゴリー間の秩序が示されている。カテゴリー数については5つから3つに減らしたこと，カテゴリー間の秩序については，厳格な優勢仮定がないこと（Maslowは低次欲求が満たされると順に高次欲求が発現するとしたが，ERG理論は必ずしもそのように考えない），ERG理論ではより高次の欲求の不満足が低次の動機に影響を与えると考えていること，という

図1　ERGにおける満足－願望仮説

欲求不満　　願望の強さ　　欲求満足
（満足の欠如）

e_f ─────→ E ←───── e_s
　　(P1)↗
　　　(P2)　　　(P3)
r_f ─────→ R ←───── r_s
　　(P4)↗
　　　(P5)　　　(P6)
g_f ─────→ G ←───── g_s
　　　　　　(P7)

（出所）　Alderfer 1972, p.14.

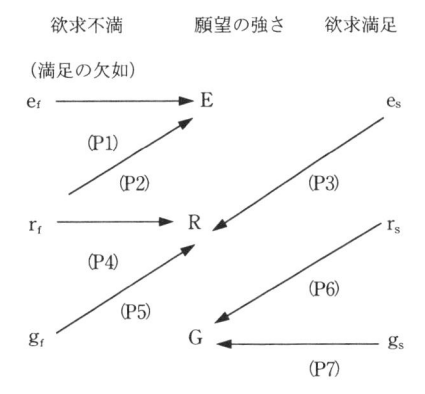

表1　Maslow理論とERG理論の概念比較

Maslowのカテゴリー	ERGのカテゴリー
生理的	生存
安全（物質的）	
安全（人間関係）	関係
愛（所属）	
尊敬（人間関係）	
尊敬（自尊）	成長
自己実現	

（出所）　Alderfer 1972, p.25.

2点が欲求階層説との相違である（Alderfer 1972, p.24）。また，Alderferは，一時的な願望（episodic desire）と長期的な願望（chronic desire）の区別を導入して，長期的願望と満足の間の関係についてさらに3つの仮説を加える（*ibid,* pp.18-20）。こうした枠組みを提示し実証したAlderferは，自らの理論的含意を次の点から示した。すなわち，節減性（parsimony），概念の相関性（interrelatedness of concepts），客観化力（objectifiability）と測定力（measurability），修正力（modifiability），である。Alderferは，Maslow理論に対して，欲求カテゴリー数を減らし，それにも関わらず「欲求－願望」問題についてMaslowよりも多くの側面を扱っているという意味で節減的かつ包括性が高く，概念間の相関性も明確で，また実証結果から測定力が高く，予期的である，などの点からERG理論の優位性を示したのである。

　以上のERG理論は，本当にMaslow理論を越えたのか。Maslowの思想と方法を考慮したとき，そうとは言えない。まず第一に思想が異なる。Maslowは人間性，心理的健康・不健康の理解を現代の社会における最重要の課題と位置づけたが，これに対してERG理論は，あくまで諸個人の動機づけのための理論であって，それ以上のことはAlderfer（1972）には表明されていないし，その枠組み上も心理的健康を捉えるものとはなっていない。また第二に，方法の観点から見ても，Maslowがその課題に問題中心で臨むべきを説き，実証できるかどうかだけにこだわらない科学概念の拡張という仕事を行った

のに対して，Alderfer は節減性や測定可能性など科学的客観性の視点に囚われたままである。そこでは，問題意識のスケールが小さくなり，評価基準が手段中心的となっている。Alderfer は Maslow の問題意識ならざる〈モチベーション〉の観点から Maslow 理論を分析し，実証してみせたに過ぎない。それは矮小化した Maslow 理論の分析と実証であったということができる。そこでは，欲求理論・モチベーション論の科学化，組織目的達成手段の精緻化としての貢献はあったとしても，Maslow の思想と方法は置き去りにされている。しかも，科学性を高めても，その理論が有用であるかどうかはまた別の問題でもある。事実，ERG 理論を実際に活用している例を私は寡聞にして知らない。

VI. おわりに──経営学への示唆──

　Maslow の思想と方法を踏まえて，Maslow 理論について再考してきた。ここまでの考察をまとめるならば，Maslow理論とは，これまで経営学によって把握されてきたような〈モチベーション論〉ではなく，〈配慮から生まれる客観性によって貫かれた心理的健康実現論〉であるということができる。Alderfer の ERG 理論は，この観点からして，Maslow 理論を全く越えていないことも明らかである。
　この Maslow 理論の示唆について考えるならば，それは，組織目的を重視し人間を手段視する経営学からの脱却の可能性にあると言える。Maslow の時代から心理学においても，人間を手段視する見方が存在し，また大勢を占めていたと言っていい。それが行動主義であり，行動科学である。Maslow はそうした議論を憂い，超えようとした。それが Maslow をして独自の思想と方法を提案させたのである。
　この Maslow 理論を援用できれば，人間を人的資源と把握することが当然視され，手段視することから脱却できない経営学を人間重視へと転換させる，その方向性を導き出すことができるものと考えられる。それは Maslow 理論をモチベーション論と位置づけていては不可能である。そもそもモチベーション論は，その思想と方法という点から見る限り，マズローが批判した行動主

義を一歩も越えていないからである。それは人間行動のコントロールを目的とするという点で同類のものであり，両者の違いは変数の多寡にすぎない。確かに，モチベーション論においても，諸個人の欲求満足を提供するという視点が存在する。しかし，欲求満足は，それが即人間的であることを意味しているわけではない。「かわいい子には旅をさせよ」「獅子の子落とし」などの諺は，このことを示唆している。真に人間のことを考える視点が求められる。それが「諸個人の心理的健康を実現する」という視点であり，その思想と方法を踏まえた Maslow 理論を経営学に援用することだと考えられる。

　課題は多いが，2点を挙げておきたい。第一に，本稿では，Maslow 理論の経営学における可能性を示すに留まり，その有効性と限界を示すことができていない。この作業は，Maslow の思想と方法だけでなく，彼の経営論の分析を必要とする。今後の課題としたい。

　第二に，本稿では，Maslow の思想と方法を考える上で，その科学観についても言及した。〈科学的客観性〉と〈配慮から生まれる客観性〉については，まだまだ論じるべきテーマが残っているし，またこの問題には，社会科学のあり方をどう考えるか，経験科学と実証科学の区別などの問題が伏在している。この点も今後の課題である。

注
1) Maslow (1966) では，経験的知識が何であるかを示すために，一般的な科学的知識を傍観者的知識・抽象的知識などとして特徴づけ，それらとの対比を行っている。このうち傍観者的知識は Maslow 独特の用語である。Maslow (1966) によれば，傍観者的知識とは，認識する者から独立し，その人間性や人格が入り込んでいない知識，対象の外からあたかも傍観者であるかのようにして把握する知識を意味している。経験的知識はこれとは対照的に，自らの人間性・人格を関与させながら，あるいは愛をもって対象を把握していく知識である（pp. 49-52，翻訳書，83-87頁）。
2) Drucker には，*Technology, Management, and Society* (1970) などの著書がある。近年では，上田惇生編訳による『テクノロジストの条件』が出版されているのは記憶に新しい。「科学技術」という言葉があるように，現代において，科学を語ることは技術を語ることと不可分であり，Drucker (1970) に所収の論文「技術革命：技術，科学および文化の関係性に関する覚書」では，技術に奉仕する存在としての科学がいかにして生まれてきたかが論じられている。
3) 例えば，Whitehead (1933) 以外にも，Popper (1959) は，反証主義の一つの要件として「相互主観的なテストの可能性」を挙げ (p. 84，翻訳書，127頁)，Kuhn (1962) は，通常科学の構成要素として「事実の収集」を含めている。

参考文献
Alderfer, C. P. (1972), *Existence, Relatedness, and Growth*, The Free Press.

Drucker, P. F. (1970), *Technology, Management, and Society,* Harper & Row.
Kuhn, T. S. (1962), *The Structure of Scientific Revolutions,* The University of Chicago Press. (中山　茂訳『科学革命の構造』みすず書房, 1971年。)
Locke, E. A. and Latham, G. P. (2004), "What Should We Do about Motivation Theory? Six Recommendations for The Twenty-First Century," *Academy of Management Review,* Vol. 29, No. 3, pp. 388-403.
Maslow, A. H. (1954/1970), *Motivation and Personality* (1st and 2nd ed.), Harper & Row. (小口忠彦監訳『人間性の心理学』(初版・改訂新版) 産能大学出版部, 1971・1987年。)
Maslow, A. H. (1957), "A Philosophy of Psychology," in Fairchild, J. E. ed., *Personal Problems & Psychological Frontiers,* Sheridan House, pp. 224-244.
Maslow, A. H. (1964), *Religions, Values and Peak-Experiences,* Ohio State University Press. (佐藤三郎・佐藤全弘訳『創造的人間』誠信書房, 1972年。)
Maslow, A. H. (1966), *The Psychology of Science,* Harper & Row. (早坂泰次郎訳『可能性の心理学』川島書店, 1971年。)
Maslow, A. H. (1968), *Toward a Psychology of Being* (2nd ed.), Van Nostrand Reinhold Company. (上田吉一訳『完全なる人間 [第2版]』誠信書房, 1998年。)
Popper, K. R. (1959), *The Logic of Scientific Discovery,* Basic Books. (大内義一・森　博訳『科学的発見の論理』(上・下) 恒星社厚生閣, 1971・1972年。)
Whitehead, A. N. (1933), *Adventures of Ideas,* Simon & Schuster. (山本誠作・菱木政晴訳『観念の冒険』松籟社, 1982年。)
金井壽宏 (2001),「『完全なる経営』監訳者解説」金井壽宏監訳・大川修二訳『完全なる経営』日本経済新聞社, 404-428頁。
松山一紀 (2000),「人事管理理念としての自己実現－Maslow 再考－」『産業・組織心理学研究』第13巻第2号, 105-112頁。
三島斉紀 (2006),「A. H. Maslow の「自己実現」概念について」日本経営学会編『日本型経営の動向と課題』千倉書房, 152-153頁。
三戸　公 (2002),『管理とは何か』文眞堂。
山下　剛 (2008),「Maslow 理論はモチベーション論か」『日本経営学会誌』第22号, 66-78頁。

第IV部
文　　献

ここに掲載の文献一覧は、第Ⅱ部の統一論題論文執筆者が各自のテーマの基本文献としてリストアップしたものを、年報編集委員会の責任において集約したものである。

1 経営学の思想と方法

外国語文献

1 Barnard, C. I. (1938), *The Functions of the Executive,* Harvard University Press.（山本安次郎・田杉 競・飯野春樹訳『新訳 経営者の役割』ダイヤモンド社，1968年。）
2 Danto, A. (1965), *Analytical Philosophy of History,* Cambridge University Press.（河本英夫訳『物語としての歴史——歴史の分析哲学——』国文社，1989年。）
3 Hanson, N. R. (1958), *Patterns of Discovery: An Inquiry into the Conceptual Foundations of Science,* Cambridge University Press.（村上陽一郎訳『科学的発見のパターン』講談社学術文庫，1986年。）
4 Husserl, E. (1954), *Die Krisis der europaischen Wissenschaften und die transzendentale Phänomenologie.*（細谷恒夫・木田 元訳『ヨーロッパ諸学の危機と超越論的現象学』中央公論社，1974年，中公文庫版，1995年。）
5 Kuhn, T. S. (1962, 1970), *The Structure of Scientific Revolutions,* 2nd ed., University of Chicago Press.（中山 茂訳『科学革命の構造』みすず書房，1971年。）
6 Kuhn, T. S. (1977), *The Essential Tension: Selected Studies in Scientific Tradition and Change,* University of Chicago Press.（安孫子誠也・佐野正博訳『本質的緊張 2——科学における伝統と革新——』みすず書房，1992年。）
7 Lakatos, I. (1978), *The Methodology of Scientific Research Programmes,* Philosophical Papers volume 1. John Worrall and Gregory Currie (eds.), Cambridge University Press.（村上陽一郎他訳『方法の擁護——科学的研究プログラムの方法論——』新曜社，1986年。）
8 Quine, W. V. O. (1953, 1980), *From a Logical Point of View: 9 Logico-Philosophical Essays,* 2nd ed., revised, Harvard University Press.（飯田 隆訳『論理的観点から——論理と哲学をめぐる九章——』勁草書房，1992年。）
9 Whitehead, A. N. (1925, 1954), *Science and the Modern World: Lowell lectures,* Macmillan.（上田泰治・村上至孝訳『科学と近代世界』松籟社，

1981年。)
10 Whitehead, A. N. (1929, 1978), *Process and Reality: An Essay in Cosmology,* (Corrected Edition edited by Griffin, D. R. and Sherburne, D. W.), The Free Press. (山本誠作訳『過程と実在』松籟社、1979年。山本誠作訳『過程と実在（上）（下）』松籟社、1984、1985年。)

日本語文献
1 小笠原英司 (2004)、『経営哲学研究序説――経営学的経営哲学の構想――』文眞堂。
2 新田義弘・丸山圭三郎他編 (1994)、『岩波講座現代思想 10（科学論）』岩波書店。
3 庭本佳和 (2006)、『バーナード経営学の展開――意味と生命を求めて――』文眞堂。
4 野家啓一 (2005)、『物語の哲学』岩波書店。
5 野家啓一 (2008)、『パラダイムとは何か――クーンの科学史革命――』講談社学術文庫。
6 村田晴夫 (1990)、『情報とシステムの哲学――現代批判の視点――』文眞堂。
7 村田晴夫・吉原正彦編 (2011)、『経営思想研究への討究――学問の新しい形――』文眞堂。
8 盛山和夫・土場 学・野宮大志郎・織田輝哉編著 (2005)、『＜社会＞への知／現代社会の理論と方法（下）――経験知の現在――』勁草書房。
9 山本安次郎 (1971)、『経営学本質論（第4版）』森山書店。
10 山本安次郎 (1975)、『経営学研究方法論』丸善。
11 吉原正彦 (2006)、『経営学の新紀元を拓いた思想家たち――1930年代のハーバードを舞台に――』文眞堂。

2 経営学が構築してきた経営の世界
――社会科学としての経営学とその危機――

外国語文献
1 Bratton, J. and Gold, J. (1994, 2003), *Human Resource Management: Theory and Practice,* 3rd ed., Palgrave Macmillan. (上林憲雄・原口恭彦・三崎秀央・森田雅也翻訳・監訳『人的資源管理――理論と実践――』文眞堂、2009年。)

2 Dore, R. P. (1973), *British Factory, Japanese Factory: The Origins of National Diversity in Industrial Relations,* Allen & Unwin. (山之内靖・永易浩一訳『イギリスの工場・日本の工場――労使関係の比較社会学――』筑摩書房，1987年。山之内靖・永易浩一訳『イギリスの工場・日本の工場――労使関係の比較社会学――（上）（下）』ちくま学芸文庫，1993年。)
3 Hara, T., Kambayashi, N. and Matsushima, N. eds. (2008), *Industrial Innovation in Japan,* Routledge.
4 Inagami, T. and Whittaker, D. H. (2005), *The New Community Firm: Employment, Governance and Management Reform in Japan,* Cambridge University Press.
5 Kambayashi, N. (2003), *Cultural Influences on IT Use: A UK-Japanese Comparison,* Palgrave Macmillan.
6 Kambayashi, N., Morita, M. and Okabe, Y. (2008), *Management Education in Japan,* Chandos Publishing.
7 Scarbrough, H. ed. (1995), *The Management of Expertise,* Palgrave Macmillan.
8 Trist, E. L. and Murray, H. eds. (1993), *The Social Engagement of Social Science: A Tavistock Anthology, 2: The Socio-technical Perspective,* University of Pennsylvania Press.

日本語文献
1 石田光男（2003），『仕事の社会科学――労働研究のフロンティア――』ミネルヴァ書房。
2 岩出 博（2002），『戦略的人的資源管理論の実相――アメリカ SHRM 論研究ノート――』泉文堂。
3 奥林康司・庄村 長・竹林 明・森田雅也・上林憲雄（1994），『柔構造組織パラダイム序説――新世代の日本的経営――』文眞堂。
4 上林憲雄（2001），『異文化の情報技術システム――技術の組織的利用形態に関する日英比較――』千倉書房。
5 上林憲雄・奥林康司・團 泰雄・開本浩矢・森田雅也・竹林 明（2007），『経験から学ぶ経営学入門』有斐閣。
6 上林憲雄・厨子直之・森田雅也（2010），『経験から学ぶ人的資源管理』有斐閣。
7 宗像正幸（1989），『技術の理論――現代工業経営問題への技術論的接近――』同文舘出版。

8 渡辺 峻 (2009),『ワーク・ライフ・バランスの経営学——社会化した自己実現人と社会化した人材マネジメント——』中央経済社。

3 現代経営学の思想的諸相——モダンとポストモダンの諸相から——

外国語文献

1 Berger, P. and Luckmann, T. (1967), *The Social Construction of Reality*, Anchor Books. (山口節郎訳『日常世界の構成——アイデンティティと社会の弁証法——』新曜社, 1977年。)
2 Burr, V. (1995), *An Introduction to Social Constructionism*, Routledge. (田中一彦訳『社会的構築主義への招待——言説分析とは何か——』川島書店, 1997年。)
3 Burrell, G. and Morgan, G. (1979), *Sociological Paradigms and Organisational Analysis: Elements of the Sociology of Corporate Life*, Heinemann. (鎌田伸一・金井一頼・野中郁次郎訳『組織理論のパラダイム——機能主義の分析枠組——』千倉書房, 1986年。)
4 Callinicos, A. (1989), *Against Postmodernism: A Marxist Critique*, Polity Press.
5 Clegg, S. R. (1990), *Modern Organizations: Organization Studies in the Postmodern World*, SAGE Publications.
6 Eagleton, T. (1996), *The Illusion of Postmodernism*, Blackwell Publishers. (森田典正訳『ポストモダニズムの幻想』大月書店, 1998年。)
7 Geertz, C. (1973), *The Interpretation of Cultures*, Basic Books. (吉田禎吾・柳川啓一・中牧弘允・板橋作美訳『文化の解釈学 (Ⅰ) (Ⅱ)』岩波書店, 1987年。)
8 Giddens, A. (1990), *The Consequences of Modernity*, Polity Press. (松尾精文・小幡正敏訳『近代とはいかなる時代か？——モダニティの帰結——』而立書房, 1993年。)
9 Harvey, D. (1989), *The Condition of Postmodernity: An Enquiry into the Origins of Cultural Change*, Blackwell. (吉原直樹監訳・解説『ポストモダニティの条件』青木書店, 1999年。)
10 Lyotard, J.-F. (1986), *Le Postmoderne expliqué aux enfants: Correspondance, 1982-1985*, Galilée. (管啓次郎訳『こどもたちに語るポストモダン』ちくま学芸文庫, 1998年。)

11 Maturana, H. R. and Varela, F. J. (1980), *Autopoiesis and Cognition: The Realization of the Living,* D. Reidel Pub. Co. (河本和夫訳『オートポイエーシス――生命システムとは何か――』国文社, 1991年。)
12 Nicolis, G. and Prigogine, I. (1989), *Exploring Complexity: An Introduction,* W. H. Freeman. (安孫子誠也・北原和夫訳『複雑性の探究』みすず書房, 1993年。)
13 Weick, K. E. (1969, 1979), *The Social Psychology of Organizing,* 2nd ed., McGraw-Hill. (遠田雄志訳『組織化の社会心理学』文眞堂, 1997年。)

日本語文献
1 稲垣保弘 (2002), 『組織の解釈学』白桃書房。
2 今田高俊 (2005), 『自己組織性と社会』東京大学出版会。
3 遠田雄志編著 (2001), 『ポストモダン経営学』文眞堂。
4 加護野忠男 (1988), 『組織認識論――企業における創造と革新の研究――』千倉書房。
5 坂下昭宣 (2002), 『組織シンボリズム論――論点と方法――』白桃書房。
6 佐々木力 (1997), 『学問論――ポストモダニズムに抗して――』東京大学出版会。
7 高橋正泰 (1998), 『組織シンボリズム――メタファーの組織論――』同文舘出版。
8 吉田民人・鈴木正仁編著 (1995), 『自己組織性とはなにか――21世紀の学問論に向けて――』ミネルヴァ書房。

4 科学と哲学の綜合学としての経営学に向けて
――理論理性と実践理性の学問――

外国語文献
1 Drucker, P. F. (1954), *The Practice of Management,* Harper and Row. (現代経営研究会訳『現代の経営』自由国民社, 1956年。現代経営研究会訳『事業と経営者（正篇）』自由国民社, 1956年。現代経営研究会訳『組織と人間（続篇）』自由国民社, 1956年。現代経営研究会訳『現代の経営（新装版）』ダイヤモンド社, 1987年。上田惇生訳『現代の経営（上）（下）』ダイヤモンド社, 2006年。)
2 Kant, I. (1784), *Beantwortung der Frage: Was ist Aufklärung.* (篠田英雄

訳『啓蒙とは何か』岩波文庫，1974年。）
3 Kant, I. (1785), *Grundlegung zur Metaphysik der Sitten.* (篠田英雄訳『道徳形而上学原論』岩波文庫，1960年，改訳1976年。）
4 Kant, I. (1788), *Kritik der praktischen Vernunft.* (波多野精一・宮本和吉・篠田英雄訳『実践理性批判』岩波文庫，1979年。）
5 Popper, K. R. (1959), *The Logic of Scientific Discovery,* Basic Books. （大内義一・森　博訳『科学的発見の論理（上）（下）』恒星社厚生閣，1971, 1972年。）
6 Popper, K. R. (1972), *Objective Knowledge: An Evolutionary Approach,* Clarendon Press. （森　博訳『客観的知識——進化論的アプローチ——』木鐸社，1974年。）
7 Weber, M. (1922), *Wirtschaft und Gesellschaft,* erster Teil, Kapitel 1, Soziologische Grundbegriffe, Tübingen. （清水幾太郎訳『社会学の根本概念』岩波書店，1972年。）

日本語文献

1 岩崎武雄（1958），『カント』勁草書房。
2 岩崎武雄（1977），『カントからヘーゲルへ』（UP選書），東京大学出版会。
3 小島三郎（1986），『現代科学理論と経営経済学』税務経理協会。
4 小島三郎・G．シャンツ編著（1988），『経済科学と批判的合理主義——日本とドイツの知的交流——』慶應通信。
5 菊澤研宗（2006），『組織の経済学入門——新制度派経済学アプローチ——』有斐閣。
6 菊澤研宗（2009），『組織は合理的に失敗する』日経ビジネス人文庫。
7 菊澤研宗編著（2010），『企業の不条理——「合理的失敗」はなぜ起こるのか——』中央経済社。

5　行為哲学としての経営学の方法

外国語文献

1 Barnard, C. I. (1938), *The Functions of the Executive,* Harvard University Press. （山本安次郎・田杉　競・飯野春樹訳『新訳　経営者の役割』ダイヤモンド社，1968年。）
2 Barnard, C. I. (1948), *Organization and Management: selected papers,*

Harvard University Press.（日本バーナード協会訳『組織と管理』文眞堂，1990年。遠藤蔦美・関口和雄訳『組織と管理』慶應通信，1972年。）
3 Barnard, C. I. (Wolf, W. B. and Iino, H. eds.)(1986), *Philosophy for Managers: selected papers of Chester I. Barnard,* Bunshindo.（日本バーナード協会訳『経営者の哲学——バーナード論文集——』文眞堂，1986年。）
4 Drucker, P. F. (1946), *Concept of the Corporation,* The John Day Company.（岩根　忠訳『会社という概念』東洋経済新報社，1966年。下川浩一訳『現代大企業論（上）（下）』未来社，1966年。上田惇生訳『企業とは何か——その社会的な使命——』ダイヤモンド社，2005年。上田惇生訳『企業とは何か』ダイヤモンド社，2008年。）
5 Drucker, P. F. (1954), *The Practice of Management,* Harper and Row.（現代経営研究会訳『現代の経営』自由国民社，1956年。現代経営研究会訳『事業と経営者（正篇）』自由国民社，1956年。現代経営研究会訳『組織と人間（続篇）』自由国民社，1956年。現代経営研究会訳『現代の経営（新装版）』ダイヤモンド社，1987年。上田惇生訳『現代の経営（上）（下）』ダイヤモンド社，2006年。）
6 Mintzberg, H. (1989), *Mintzberg on Management,* Free Press.（北野利信訳『人間感覚のマネジメント——行き過ぎた合理主義への抗議——』ダイヤモンド社，1991年。）
7 Simon, H. A. (1947), *Administrative Behavior: A Study of Decision-Making Process in Administrative Organization,* Macmillan.（松田武彦・高柳　暁・二村敏子訳『経営行動』ダイヤモンド社，1965年。）
8 Simon, H. A. (1977), *Models of Discovery: And Other Topics in the Methods of Science,* D. Reidel Pub. Co.
9 Simon, H. A. (1991), *Models of My Life,* Basic Books.（安西祐一郎・安西徳子訳『学者人生のモデル』岩波書店，1998年。）
10 Simon, H. A. (1947, 1997), *Administrative Behavior: A Study of Decision-Making Process in Administrative Organization,* 4th ed., Free Press.（二村敏子・桑田耕太郎・高尾義明・西脇暢子・高柳美香訳『新版　経営行動』ダイヤモンド社，2009年。）
11 Williamson, O. E. ed. (1990), *Organization Theory: From Chester Barnard to the Present and Beyond,* Oxford University Press.（飯野春樹監訳『現代組織論とバーナード』文眞堂，1997年。）

日本語文献

1 井上久男・伊藤博敏編著（2009），『トヨタ・ショック』講談社。
2 小笠原英司（2004），『経営哲学研究序説──経営学的経営哲学の構想──』文眞堂。
3 加藤勝康（1996），『バーナードとヘンダーソン──*The Functions of the Executive*の形成過程──』文眞堂。
4 小林義光編著（2010），『KAITEKI化学──サスティナブルな社会への挑戦──』阪急コミュニケーションズ。
5 榊原清則（2002），『経営学入門（上）（下）』日経文庫。
6 庭本佳和（2006），『バーナード経営学の展開──意味と生命を求めて──』文眞堂。
7 沼上　幹（2000），『行為の経営学──経営学における意図せざる結果の探究──』白桃書房。
8 沼上　幹（2007），「アメリカの経営戦略論と日本企業の実証的研究」経営学史学会編『経営学の現在──ガバナンス論、組織論・戦略論──』文眞堂。
9 藤本隆宏（2005），「実証研究の方法論」藤本隆宏・高橋伸夫・新宅純二郎・阿部　誠・粕谷　誠著『リサーチ・マインド　経営学研究法』有斐閣。
10 山城　章（1956），『経営価格政策』中央経済社。
11 山本安次郎（1961），『経営学本質論』森山書店。
12 吉原正彦（2006），『経営学の新紀元を拓いた思想家たち──1930年代のハーバードを舞台に──』文眞堂。

第V部
資　料

経営学史学会第19回全国大会実行委員長挨拶

吉 原 正 彦

　経営学史学会第19回全国大会は，2011年5月20日から22日までの3日間にわたり，青森公立大学を会場として開催されました。青森公立大学は，経営学史学会の創立と同じ1993年に開学した大学であり，今回で2度目の開催となりました。

　大会開催の準備が進み，会員への案内を送る矢先の3月11日に東日本を襲った地震は，東北地域に甚大な被害をもたらしました。奪われた多くの命，悲惨な被災状況を思い，一時は開催返上を考えました。しかし，会場となる青森公立大学，そして青森市は難を逃れたこともあり，また，報告者からはすでに報告の予稿を頂き，さらに多くの先生方から激励のお言葉を頂戴し，気持ちを新たにして第19回全国大会の開催を決意しました。

　とはいえ，「どの程度の参加者が？」と心配しましたが，東北新幹線が4月末に全線復旧したこともあり，予想以上の会員の方々約90名が参加され，誠に嬉しい限りでした。

　本大会の統一論題は「経営学の思想と方法」でした。経営学は，時代が要請する課題に応える実践性だけでなく，社会科学としての科学性を有する「学」として，その思想性と方法を問う主旨であり，この統一論題は，北東北の地に開学した青森公立大学の約20年にわたる経営学研究の伝統に基づくものです。

　そして，「経営学が構築してきた経営の世界を問う」と「来たるべき経営学の学的方法を問う」という2つのサブ・テーマのもと，4名の会員に報告を頂きました。とくに第二のテーマは，21世紀の経営の世界に眼差しを置く経営学はいかなる学的方法に基づくのか，を問うものであり，2時間半の討論では，近代科学の限界を視野に置く議論が展開されました。自由論題につきましても，9名の会員が報告され，非常に実り多い大会であったと思っております。報告者，討論者，司会者，そしてチェアパーソンの方々に深く感謝

申し上げます。

　さらに，2011年がバーナード没後50年にあたっており，それを記念して20日午後に，会員有志によるバーナード研究会が開催されました。20名を超える参加者によって活発な議論が行われたことは，特筆すべきことです。

　青森公立大学で開催されるこれまでの大会と同様に，今回も大会の準備，運営に至るまで学生に責任を持たせました。とくに今回は，食材，飲み物をすべて地元に求め，懇親会の料理も資格を有する学生を中心に，事務職員の支援によってささやかではありましたが"おもてなし"をさせて頂きました。

　行き届かないことが多々あったにもかかわらず，会員からは，「新緑の香りの中，周到な準備と行き届いた大会運営であり，とくに学生さんたちの笑顔と気持ち良いホスピタリティによって，青森公立大学ならではの大会」と過分なお言葉を頂きました。

　末筆ながら，何とか無事に大会を終了させることができましたこと，そして，会員の方々のご厚情のおかげをもちまして学生たちに素晴らしい経験をさせて頂いたことに，心から御礼を申し上げます。

第19回大会をふりかえって

松　田　　健

　2011年3月11日に発生した東日本大震災による影響が心配される中，経営学史学会第19回大会は，5月20日（金）から22日（日）にかけて青森公立大学において開催された。

　今回の統一論題は，「経営学の「学」とは何か，その思想と方法とを歴史的に問う」という視座のもとで設定された『経営学の思想と方法』であった。同時に，こうした問いへのベクトルをより闡明するために，サブ・テーマⅠ：「経営学が構築してきた経営の世界を問う」ならびにサブ・テーマⅡ：「来たるべき経営学の学的方法を問う」が設定された。かかる統一論題とサブ・テーマのもと，第19回大会は，経営の「学」の存在の在り方，在りようを問い直し，さらにこれからの危機を乗り越えうる経営の「学」の思想性を成立させるにふさわしい学的方法はどのようなものなのかを問う大会となった。

　まず大会実行委員長吉原正彦会員による開会の辞の後，同会員から「経営学の思想と方法」と題された基調報告が行われた。

　引き続き行われた初日の統一論題報告では，前述のサブ・テーマⅠのもと，上林憲雄会員による「経営学が構築してきた経営の世界―社会科学としての経営学とその危機―」と題する報告が，また稲村毅会員による「現代経営学の思想的諸相」と題する報告がそれぞれ行われた。

　2日目の統一論題ではサブ・テーマⅡで設定された視座のもと，菊澤研宗会員からは「科学と哲学の綜合学としての経営学に向けて―理論理性と実践理性の学問―」と題する報告が，また庭本佳和会員からは「行為哲学としての経営学の方法」と題する報告がそれぞれ行われた。

　各報告は，正に経営の「学」の存在の在り方，在りようを問い直し，その方法や社会的意義を再確認する上で，多くの知見を与えてくれるものであった。

　また自由論題については，3会場において計9名による意欲的な報告がな

され，活発な質疑も交わされた。

　総会では，1年間の活動報告と会計報告の後，第7期役員選挙が行われ，その後理事長より2010年度経営学史学会賞の審査結果について，論文，著作部門ともに受賞該当作なしとの説明がなされた。引き続き，第20回大会が明治大学で開催されることが確認され，開催校を代表して小笠原英司会員より挨拶があった。

　今大会が充実した内容となり，首尾よく執り行えたのも，周到な準備をして頂いた大会実行委員長吉原正彦会員をはじめとする青森公立大学の皆様のお陰である。衷心より感謝申し上げたい。

　第19回大会のプログラムは次の通りである。

　　　　5月21日（土）
【自由論題】（報告30分，チェアパーソンのコメント10分，質疑応答20分）
A会場（543教室）
　10：00－11：00　髙木孝紀（名古屋大学・院）
　　　　　　　　「組織の自律性と秩序形成の原理」
　　　　　　　　チェアパーソン：丹沢安治（中央大学）
B会場（544教室）
　10：00－11：00　櫻井雅充（神戸大学・院）
　　　　　　　　「HRM研究における研究成果の有用性を巡る学説史的検討―プラグマティズムの真理観を手掛かりにして―」
　　　　　　　　チェアパーソン：三井　泉（日本大学）
C会場（423教室）
　10：00－11：00　大久保康彦（関東学院大学・院）
　　　　　　　　「起業成功モデルに関する研究～NVP（New Venture Performance）論を中心に～」
　　　　　　　　チェアパーソン：奥林康司（摂南大学）
【開会・基調報告】（545教室）
　11：05－11：40　開会の辞：大会実行委員長　吉原正彦（青森公立大学）
　　　　　　　　基調報告：吉原正彦（青森公立大学）
　　　　　　　　論　題：「経営学の思想と方法」

司会者：高橋由明（中央大学）

【統一論題】（545教室）（報告30分，討論20分，質疑応答60分）
 12：40－14：30 サブ・テーマⅠ：経営学が構築してきた経営の世界を問う
      報告者 上林憲雄（神戸大学）
      論　題：「経営学が構築してきた経営の世界―社会科学としての経営学とその危機―」
      討論者 大平義隆（北海学園大学）
      司会者 海道ノブチカ（関西学院大学）
 14：40－16：30 サブ・テーマⅠ：経営学が構築してきた経営の世界を問う
      報告者 稲村　毅（神戸学院大学）
      論　題：「現代経営学の思想的諸相―モダンとポストモダンの視点から―」
      討論者 小笠原英司（明治大学）
      司会者 岩田　浩（摂南大学）

【会員総会・理事選挙】（545教室）
 16：40－17：40

【懇親会】（国際交流ハウス）
 18：00－20：00

  5月22日（日）
【自由論題】（報告30分，チェアパーソンのコメント10分，質疑応答20分）
A会場（543教室）
 9：30－10：30 桑田耕太郎（首都大学東京）
      「『実践の科学』としての経営学：バーナードとサイモンの対比を通じて」
      チェアパーソン：藤井一弘（青森公立大学）
 10：40－11：40 三戸　公（立教大学・中京大学名誉教授）
      「日本における経営学の思想と方法」

　　　　　　　　　　チェアパーソン：高橋由明（中央大学）
B会場（544教室）
　9：30－10：30　平澤　哲（中央大学）
　　　　　　　　　「アクション・サイエンスの発展とその意義：経営現象の予測・解釈・批判を超えて」
　　　　　　　　　チェアパーソン：福永文美夫（久留米大学）
　10：40－11：40　山下　剛（高松大学）
　　　　　　　　　「マズローの思想と方法」
　　　　　　　　　チェアパーソン：澤野雅彦（北海学園大学）
C会場（423教室）
　9：30－10：30　八木良太（尚美学園大学）
　　　　　　　　　「文化産業の組織研究における新展開―オーガニグラフの適用可能性に関する組織論的考察―」
　　　　　　　　　チェアパーソン：松嶋　登（神戸大学）
　10：40－11：40　竹林　浩志（和歌山大学）
　　　　　　　　　「観光地運営における経営学的アプローチ―観光地ライフサイクル論を中心に―」
　　　　　　　　　チェアパーソン：片岡信之（桃山学院大学）
【統一論題】（545教室）（報告各30分，司会15分，質疑応答75分）
　12：40－15：10　サブ・テーマⅡ：来たるべき経営学の学的方法を問う
　　　　　　　　　報告者　菊澤研宗（慶應義塾大学）
　　　　　　　　　論　題：「科学と哲学の綜合学としての経営学に向けて
　　　　　　　　　　　　　―理論理性と実践理性の学問―」
　　　　　　　　　報告者　庭本佳和（甲南大学）
　　　　　　　　　論　題：「行為哲学としての経営学の方法」
　　　　　　　　　司会者　佐々木恒男（青森公立大学）
【大会総括と閉会の辞】
　15：10－15：30　大会総括：学会理事長　高橋由明（中央大学）
　　　　　　　　　閉会の辞：大会実行委員長　吉原正彦（青森公立大学）

執筆者紹介(執筆順,肩書には大会後の変化が反映されている)

吉原 正彦(青森中央学院大学教授)
　　主著『経営学の新紀元を拓いた思想家たち——1930年代のハーバードを舞台に——』文眞堂,2006年
　　　　『経営思想研究への討究——学問の新しい形——』(共編),文眞堂,2010年。

上林 憲雄(神戸大学大学院経営学研究科教授)
　　主著『異文化の情報技術システム』千倉書房,2001年
　　　　Cultural Influences on IT Use, Palgrave Macmillan, 2003

稲村 毅(大阪市立大学名誉教授)
　　主著『経営管理論史の根本問題』ミネルヴァ書房,1985年
　　主要論文「自己組織性論の認識論的特質——散逸構造論とオートポイエシス論を巡って——」『神戸学院経済学論集』第30巻第3・4号,1999年

菊澤 研宗(慶應義塾大学教授)
　　主著『なぜ「改革」は合理的に失敗するのか——改革の不条理——』朝日新聞出版,2011年
　　　　『組織は合理的に失敗する——日本陸軍に学ぶ不条理のメカニズム——』日経ビジネス人文庫,2009年

庭本 佳和(甲南大学大学院教授)
　　主著『バーナード経営学の展開』文眞堂,2006年
　　　　『経営を動かす』(編著),文眞堂,2008年

三戸 公(千葉商科大学大学院アドバイザー)
　　主著『家の論理Ⅰ・Ⅱ』文眞堂,1991年
　　　　『管理とは何か』文眞堂,2002年

髙木 孝紀(名古屋大学大学院博士後期課程)

櫻井　雅　充（広島経済大学助教）
　　　主要論文「競争優位の源泉に関する一考察——J. Pfefferの「ハイ・コミットメント」論を中心にして——」藤本雅彦編著『経営学の基本視座——河野昭三先生還暦記念論文集——』まほろば書房，2008年，第7章
　　　「HRMの作動——HRM研究の新たなアジェンダ——」『六甲台論集——経営学編——』Vol. 57, No. 1, 2010

大久保　康　彦（関東学院大学大学院経済学研究科博士後期課程）
　　　主要論文「組織成長の段階モデル——L・E・グレイナーの所論をめぐって——」『現代経営研究』ISS研究会，第11号，2009年12月

桑　田　耕太郎（首都大学東京大学院社会科学研究科教授）
　　　主著『組織論　補訂版』（田尾雅夫氏と共著）有斐閣，2010年
　　　主要論文 "Strategic Learning: The Continuous Side of Discontinuous Strategic Change," *Organization Science,* Vol. 9, No. 6, 1998

平　澤　　哲（中央大学准教授）
　　　主要論文「組織的学習についての再考察：Argyris & Schön理論の意義付けと経営学的研究の反省」『日本経営学会誌』第19号，2007
　　　「マネジメントにおける科学的知識の応用と日常実践のギャップの探究：科学の厳密性か，実践上の適切性かというジレンマに着目して」『一橋ビジネスレビュー』56巻1号，2008

山　下　　剛（北九州市立大学准教授）
　　　主要論文「P. F. ドラッカーによるD. マグレガーY理論批判——〈組織目的と個人目的の統合〉を中心に——」『日本経営学会誌』第14号，2005年
　　　「Maslow理論はモチベーション論か——経営学におけるMaslow理論の意義再考——」『日本経営学会誌』第22号，2008年

経営学史学会年報掲載論文(自由論題)審査規定

1 本審査規定は本学会の年次大会での自由論題報告を条件にした論文原稿を対象とする。
2 編集委員会による形式審査
　原稿が著しく規定に反している場合,編集委員会の責任において却下することができる。
3 査読委員の選定
　査読委員は,原稿の内容から判断して適当と思われる会員2名に地域的バランスも配慮して,編集委員会が委嘱する。なお,大会当日の当該報告の討論者には査読委員を委嘱しない。また会員に適切な査読者を得られない場合,会員外に査読者を委嘱することができる。なお,原稿執筆者と特別な関係にある者(たとえば指導教授,同門生,同僚)には,査読者を委嘱できない。
　なお,査読委員は執筆者に対して匿名とし,執筆者との対応はすべて編集委員会が行う。
4 編集委員会への査読結果の報告
　査読委員は,論文入手後速やかに査読を行い,その結果を30日以内に所定の「査読結果報告書」に記入し,編集委員会に査読結果を報告しなければならない。なお,報告書における「論文掲載の適否」は,次のように区分する。
　①適
　②条件付き適(1):査読委員のコメントを執筆者に返送し,再検討および修正を要請する。再提出された原稿の修正確認は編集委員会が負う。
　③条件付き適(2):査読委員のコメントを執筆者に返送し,再検討および修正を要請する。再提出された原稿は査読委員が再査読し,判断する。
　④不適
5 原稿の採否
　編集委員会は,査読報告に基づいて,原稿の採否を以下のようなルールに従って決定する。
　①査読者が2名とも「適」の場合,掲載を可とする。

②査読者1名が「適」で，他の1名が「条件付き(1)」の場合は，執筆者の再検討・修正を編集委員会が確認した後，掲載の措置をとる。

③査読者1名が「適」で，他の1名が「条件付き(2)」の場合は，執筆者の再検討・修正を，査読者が再読・確認したとの報告を受けた後，掲載の措置をとる。

④査読者2名とも「条件付き(1)」の場合，あるいは査読者1名が「条件付き(1)」で他の1名が「条件付き(2)」の場合，また査読者が2名とも「条件付き(2)」の場合は，執筆者が再検討・修正のそれぞれの条件を満たしたことを編集委員会が確認した後，掲載の措置をとる。

⑤査読者1名が「条件付き(1)または(2)」で，他の1名が「不適」の場合，後者に再検討・修正後の投稿原稿を再査読することを要請するとともに，執筆者の反論をも示し，なお「不適」の場合には編集委員会がその理由を確認して，原則的には不掲載の措置をとる。ただし再査読後，編集委員会が著しく「不適理由」を欠くと判断した場合は，大会報告時の討論者の意見も参考にして，編集委員会の責任で採否を決定し，掲載・不掲載の措置をとる。

⑥査読者1名が「適」で，他の1名が「不適」の場合，大会報告時の討論者の意見，執筆者の反論をも考慮して，編集委員会の責任で採否を決定し，掲載・不掲載の措置をとる。

⑦査読者が2名とも「不適」の場合，掲載を不可とする。

6　執筆者への採否の通知

編集委員会は，原稿の採否，掲載・不掲載の決定を，執筆者に文書で通知する。

経営学史学会
年報編集委員会

委員長	勝 部 伸 夫	（熊本学園大学教授）
委　員	岩 田　　 浩	（摂 南 大 学 教 授）
委　員	小 笠 原 英 司	（明 治 大 学 教 授）
委　員	海 道 ノ ブ チ カ	（関西学院大学教授）
委　員	風 間 信 隆	（明 治 大 学 教 授）
委　員	髙 橋 公 夫	（関東学院大学教授）
委　員	藤 井 一 弘	（青森公立大学教授）
委　員	山 口 隆 之	（関西学院大学教授）

編集後記

　経営学史学会年報第19輯は「経営学の思想と方法」というタイトルのもと，当学会第19回全国大会の基調報告論文を含めた統一論題報告論文5本と自由論題報告論文7本をもって構成されている。

　「経営学の思想と方法」という今回の統一論題テーマは，経営理論の学説的・歴史的研究をメインとする当学会でこそ取り上げるに相応しい，広くて深いテーマである。論題趣旨でも説明されているように，経営学の歴史はそれぞれの時代の経営とともに生き，形作られてきた。この100年の間に多くの経営理論が生まれたが，それは時代を映す鏡でもあった。そして21世紀に入り，「リーマン」，「ギリシャ」，「フクシマ」と世界は危機の連鎖に直面しており，われわれは今や歴史の転換点に立っていることを自覚せざるを得ない。それ故に改めて歴史をふり返り，経営学が拠って立つ「学」としての思想性を問い，その方法を問うことは，経営学を学ぶものにとっては避けては通れない課題であると言ってよかろう。

　統一論題のサブテーマは「経営学が構築してきた経営の世界を問う」と「来るべき経営学の学的方法を問う」がセットになっており，これは経営学の過去・現在・未来を俯瞰しながらその背景にある思想と方法を問うていこうとしたからである。本年報には，このテーマに真っ正面から答えようとする力のこもった論考を，各サブテーマで2篇ずつ掲載することができた。何れの論文も読み応えがあり，このテーマに一石を投じるものになったのではないかと確信している。ここでの議論をスタート地点にして，このテーマは今後も繰り返し議論されるものとなろう。

　最後に，本年報はこれまで縦書きで刊行されてきていたが，新たに横書きに変更されることになった。また，参考文献の出典を示す方法もハーバード方式に変更された。会員の皆さまには，今回からリニューアルされた年報をお届けすることになる。体裁を変えての刊行となるが，本年報が経営学をリードする学術誌として益々充実したものとなっていくよう，今後とも頑張っていきたい。

（勝部伸夫　記）

THE ANNUAL BULLETIN
of
The Society for the History of Management Theories

No. 19 May, 2012

The Thought and Method of Management Theories

Contents

Preface
      Eiji OGASAWARA (Meiji University)

I **Meaning of the Theme**

II **The Thought and Method of Management Theories**

 1 The Thought and Method of Management Theories
    Masahiko YOSHIHARA (Aomori Chuo Gakuin University)

 2 Real Business World that the Study of Business Administration has Constructed: A Discipline as a Social Science and its Crisis
      Norio KAMBAYASHI (Kobe University)

 3 Diverse Facets of Thought in Contemporary Management Theories: From a Viewpoint of Modern vs. Postmodern Perspectives
      Tsuyoshi INAMURA (Osaka City University)

 4 Toward Business Administration as Comprehensive Study of Science and Philosophy
      Kenshu KIKUZAWA (Keio University)

5 Management Theory as Philosophy of Action
   Yoshikazu NIWAMOTO (Konan University)

III Other Themes

6 Japanese Management, Its Thought and Method
   Tadashi MITO (Chiba University of Commerce)

7 Organizational Autonomy and the Principle of Making Order
   Koki TAKAGI (Nagoya University)

8 A Study of the Usefulness in HRM Research Results Based on Pragmatism's Conception of Truth
   Tadamitsu SAKURAI (Hiroshima University of Economics)

9 The Foundation Environment Analysis to Success: Model Building and Case Study
   Yasuhiko OKUBO (Kanto Gakuin University)

10 Practice Turn in the Theories of Management: A Comparative Study of C. I. Barnard and H. A. Simon
   Kotaro KUWADA (Tokyo Metropolitan University)

11 On Action Science: Beyond Prediction, Interpretation and Critique of Management
   Tetsu HIRASAWA (Chuo University)

12 Maslow's Thought and Method
   Tsuyoshi YAMASHITA (The University of Kitakyushu)

IV **Literatures**

V **Materials**

Abstracts

The Thought and Method of Management Theories

Masahiko YOSHIHARA (Aomori Chuo Gakuin University)

The general theme of the No.19 National Convention is "The Thought and Method of Management Theories," that is, to ask what "the study" of Management Theories is historically. In certain times, we have tried to theorize the Business Administration, and in other times we have aimed at the breakaway from the times, confronting real management. It is clear that there were thought characteristics as the foundation of "the study" of Management Theories in the processes.

Associating jointly with Business Administration, Management Theories are running with the times. So, fundamental meanings of the general theme "The Thought and Method of Management Theories" in this National Convention are to ask the ontology of Management Theories, that is, to understand what is Management world and what is life world up to the current times.

Real Business World that the Study of Business Administration has Constructed: A Discipline as a Social Science and its Crisis

Norio KAMBAYASHI (Kobe University)

This paper tries to clarify how the study of business administration, which has already been discussed by academia for more than one century since the beginning of the 20th century, has grasped real business and managerial phenomena. We approach the theme particularly from the viewpoint of 'social science'. Taking some examples from the development of ICT (Information Communication Technology) and 'work-life balance' discussions both in Japan and in Western countries, it is necessary for academic researchers in the discipline, we argue, to focus both on economic and social dimensions for the assessment of real business world. We find it problematic that some researchers in relatively younger generation in particular have interests only in economic efficiencies in companies and do not analyse social aspects of them.

Diverse Facets of Thought in Contemporary Management Theories: From a Viewpoint of Modern vs. Postmodern Perspectives

Tsuyoshi INAMURA (Osaka City University)

As is well known, there has been an increasing diversity of perspectives in management and organization theories. One of major sources of this trend was the rise of postmodernism in the field of social sciences. The postmodernism challenges and rejects the key notions of modernism such as positivism, rationalism, functionalism, arguing for interpretivism, irrationalism, symbolism. Some of those theories which embody the postmodern thought are put to consideration, including the paradigm theory, the garbage can model of decision making, the evolutionary model of organizing, the organizational symbolism, the social constructionism, the complexity theory (self-organization and autopoiesis). Resting on 'distrust in reason,' the postmodernism abandons the pursuit of 'grand narrative' concerning objective truth as well as human values, and draws on phenomenological and hermeneutical philosophies. It is pointed out and warned that the thought of postmodernism would in the end lead the management theory to a transformation from science to metaphysics.

Toward Business Administration as Comprehensive Study of Science and Philosophy

Kenshu KIKUZAWA (Keio University)

So far, I have thought that business administration should be an empirical science. According to Popper's critical rationalism (philosophy of science), new institutional economics (economics of the organization), which I have studied, can be seen as scientific theories. However, I thought that only business administration as an empirical science is not sufficient. There is a fatal limitation. So, new institutional economics in the field of business administration is also not sufficient even if it is scientific. Philosophical research as well as empirical scientific research is also necessary even in the field of business administration. I thought that business administration should be comprehensive study of philosophy and science. In this paper, I explain the idea logically.

Management Theory as Philosophy of Action

Yoshikazu NIWAMOTO (Konan University)

The subject of management research is the practice of management to run a business. The object (or the core target) of management study is solving present problems and deciding policy or strategy for future. Such management theories must have historical reflection (historical reason), criticism of management (critical and theoretical reason) and philosophical creativeness (philosophical and practical reason). In other words, we need introduce philosophical values (i.e. a criterion to judge and act) into management theory. We hope to call it philosophy of action. In this sense, management theory is (exactly includes) philosophy of action. This paper explores the method to construct theory mentioned above.

経営学の思想と方法

経営学史学会年報　第 19 輯

2012 年 5 月 25 日　第 1 版第 1 刷発行　　　　　検印省略

編　者	経 営 学 史 学 会
発行者	前　　野　　　　弘
発行所	東京都新宿区早稲田鶴巻町533 株式会社 文　眞　堂 電　話　03（3202）8480 ＦＡＸ　03（3203）2638 郵便番号（162-0041）振替00120-2-96437

組版・オービット　印刷・平河工業社　製本・イマキ製本所
© 2012
URL. http://keieigakusi.info/
http://www.bunshin-do.co.jp/
落丁・乱丁本はおとりかえいたします
定価はカバー裏に表示してあります
ISBN978-4-8309-4762-9　C3034

● 好評既刊

経営学の位相 第一輯
● 主要目次
I 課題
- 一 経営学の本格化と経営学史研究の重要性　　山本安次郎
- 二 社会科学としての経営学　　三戸　公
- 三 管理思考の呪縛——そこからの解放　　北野利信
- 四 バーナードとヘンダーソン　　加藤勝康
- 五 経営経済学史と科学方法論　　永田　誠
- 六 非合理主義的組織論の展開を巡って　　稲村　毅
- 七 組織情報理論の構築へ向けて　　小林敏男

II 人と業績
- 八 村本福松先生と中西寅雄先生の回想　　高田　馨
- 九 馬場敬治——その業績と人柄　　雲嶋良雄
- 十 北川宗藏教授の「経営経済学」　　海道　進
- 十一 シュマーレンバッハ学説のわが国への導入　　齊藤隆夫
- 十二 回想——経営学研究の歩み　　大島國雄

経営学の巨人 第二輯
● 主要目次
I 経営学の巨人
- 一 H・ニックリッシュ
  1 現代ドイツの企業体制とニックリッシュ　　吉田　修
  2 ナチス期ニックリッシュの経営学　　田中照純
  3 ニックリッシュの自由概念と経営思想　　鈴木辰治
- 二 C・I・バーナード
  4 バーナード理論と有機体の論理　　村田晴夫
  5 現代経営学とバーナードの復権　　庭本佳和
  6 バーナード理論と現代　　稲村　毅
- 三 K・マルクス
  7 日本マルクス主義と批判的経営学　　川端久夫
  8 旧ソ連型マルクス主義の崩壊と個別資本説の現段階　　片岡信之
  9 マルクスと日本経営学　　篠原三郎

II 経営学史論攷
1. アメリカ経営学史の方法論的考察 　三井　　　泉
2. 組織の官僚制と代表民主制 　奥田　幸助
3. ドイツ重商主義と商業経営論 　北村健之助
4. アメリカにみる「キャリア・マネジメント」理論の動向 　西川　清之

III 人と業績
1. 藻利重隆先生の卒業論文 　三戸　　　公
2. 日本の経営学研究の過去・現在・未来 　儀我壮一郎
3. 経営学生成への歴史的回顧 　鈴木　和蔵

IV 文献

日本の経営学を築いた人びと　第三輯
● 主要目次

I 日本の経営学を築いた人びと
一　上田貞次郎――経営学への構想―― 　小松　　　章
二　増地庸治郎経営理論の一考察 　河野　大機
三　平井泰太郎の個別経済学 　眞野　　　脩
四　馬場敬治経営学の形成・発展の潮流とその現代的意義 　岡本　康雄
五　古林経営学――人と学説―― 　門脇　延行
六　古林教授の経営労務論と経営民主化論 　奥田　幸助
七　馬場克三――五段階説、個別資本説そして経営学―― 　三戸　　　公
八　馬場克三・個別資本の意識性論の遺したもの 　川端　久夫
　　――個別資本説と近代管理学の接点――
九　山本安次郎博士の「本格的経営学」の主張をめぐって 　加藤　勝康
　　――Kuhnian Paradigmとしての「山本経営学」――
十　山本経営学の学史的意義とその発展の可能性 　谷口　照三
十一　高宮　晋―経営組織の経営学的論究 　鎌田　伸一
十二　山城経営学の構図 　森本　三男
十三　市原季一博士の経営学説――ニックリッシュとともに―― 　増田　正勝
十四　占部経営学の学説史的特徴とバックボーン 　金井　壽宏
十五　渡辺銕蔵論――経営学史の一面―― 　高橋　俊夫
十六　生物学的経営学説の生成と展開 　裴　　富吉
　　――暉峻義等の労働科学：経営労務論の一源流――

II 文献

アメリカ経営学の潮流 第四輯

●主要目次

I アメリカ経営学の潮流
- 一 ポスト・コンティンジェンシー理論——回顧と展望——　野中郁次郎
- 二 組織エコロジー論の軌跡　村上伸一
  ——一九八〇年代の第一世代の中核論理と効率に関する議論の検討を中心にして——
- 三 ドラッカー経営理論の体系化への試み　河野大機
- 四 H・A・サイモン——その思想と経営学——　稲葉元吉
- 五 バーナード経営学の構想　眞野脩
- 六 プロセス・スクールからバーナード理論への接近　辻村宏和
- 七 人間関係論とバーナード理論の結節点　吉原正彦
  ——バーナードとキャボットの交流を中心として——
- 八 エルトン・メイヨーの管理思想再考　原田實
- 九 レスリスバーガーの基本的スタンス　杉山三七男
- 十 F・W・テイラーの管理思想　中川誠士
  ——ハーバード経営大学院における講義を中心として——
- 十一 経営の行政と統治　北野利信
- 十二 アメリカ経営学の一一〇年——社会性認識をめぐって——　中村瑞穂

II 文献

経営学研究のフロンティア 第五輯

●主要目次

I 日本の経営者の経営思想
- 一 日本の経営者の経営思想　清水龍瑩
  ——情報化・グローバル化時代の経営者の考え方——
- 二 日本企業の経営理念にかんする断想　森川英正
- 三 日本型経営の変貌——経営者の思想の変遷——　川上哲郎

II 欧米経営学研究のフロンティア
- 四 アメリカにおけるバーナード研究のフロンティア　高橋公夫
  ——William, G. Scott の所説を中心として——
- 五 フランスにおける商学・経営学教育の成立と展開　日高定昭
  （一八一九年——一九五六年）
- 六 イギリス組織行動論の一断面　幸田浩文

　　　　──経験的調査研究の展開をめぐって──
　七　ニックリッシュ経営学変容の新解明　　　　　　　　　森　　哲　彦
　八　E・グーテンベルク経営経済学の現代的意義　　　　　髙　橋　由　明
　　　　──経営タイプ論とトップ・マネジメント論に焦点を合わせて──
　九　シュマーレンバッハ「共同経済的生産性」概念の再構築　永　田　　誠
　十　現代ドイツ企業体制論の展開　　　　　　　　　　　　海道ノブチカ
　　　　──R・-B・シュミットとシュミーレヴィッチを中心として──
Ⅲ　現代経営・組織研究のフロンティア
　十一　企業支配論の新視角を求めて　　　　　　　　　　　片　岡　　進
　　　　──内部昇進型経営者の再評価、資本と情報の同時追究、
　　　　　　自己組織論の部分的導入──
　十二　自己組織化・オートポイエーシスと企業組織論　　　長　岡　克　行
　十三　自己組織化現象と新制度派経済学の組織論　　　　　丹　沢　安　治
Ⅳ　文　献

経営理論の変遷　第六輯
● 主要目次
Ⅰ　経営学史研究の意義と課題
　一　経営学史研究の目的と意義　　　　　　　　ウィリアム・G・スコット
　二　経営学史の構想における一つの試み　　　　　　　　　加　藤　勝　康
　三　経営学の理論的再生運動　　　　　　　　　　　　　　鈴　木　幸　毅
Ⅱ　経営理論の変遷と意義
　四　マネジメント・プロセス・スクールの変遷と意義　　　二　村　敏　子
　五　組織論の潮流と基本概念　　　　　　　　　　　　　　岡　本　康　雄
　　　　──組織的意思決定論の成果をふまえて──
　六　経営戦略の意味　　　　　　　　　　　　　　　　　　加護野　忠　男
　七　状況適合理論（Contingency Theory）　　　　　　　　岸　田　民　樹
Ⅲ　現代経営学の諸相
　八　アメリカ経営学とヴェブレニアン・インスティテュー
　　　ショナリズム　　　　　　　　　　　　　　　　　　　今　井　清　文
　九　組織論と新制度派経済学　　　　　　　　　　　　　　福　永　文美夫
　十　企業間関係理論の研究視点　　　　　　　　　　　　　山　口　隆　之
　　　　──「取引費用」理論と「退出／発言」理論の比較を通じて──
　十一　ドラッカー社会思想の系譜　　　　　　　　　　　　島　田　　恒
　　　　──「産業社会」の構想と挫折、「多元社会」への展開──

十二	バーナード理論のわが国への適用と限界	大平義隆
十三	非合理主義的概念の有効性に関する一考察	前田東岐
	——ミンツバーグのマネジメント論を中心に——	
十四	オートポイエシス——経営学の展開におけるその意義——	藤井一弘
十五	組織文化の組織行動に及ぼす影響について	間嶋崇
	——E・H・シャインの所論を中心に——	

Ⅳ 文　献

経営学百年——鳥瞰と未来展望——　第七輯
●主要目次
Ⅰ　経営学百年——鳥瞰と未来展望——

一	経営学の主流と本流——経営学百年、鳥瞰と課題——	三戸公
二	経営学における学の世界性と経営学史研究の意味	村田晴夫
	——「経営学百年——鳥瞰と未来展望」に寄せて	
三	マネジメント史の新世紀	ダニエル・A・レン

Ⅱ　経営学の諸問題——鳥瞰と未来展望——

四	経営学の構想——経営学の研究対象・問題領域・考察方法——	万仲脩一
五	ドイツ経営学の方法論吟味	清水敏允
六	経営学における人間問題の理論的変遷と未来展望	村田和彦
七	経営学における技術問題の理論的変遷と未来展望	宗像正幸
八	経営学における情報問題の理論的変遷と未来展望	伊藤淳巳・下﨑千代子
	——経営と情報——	
九	経営学における倫理・責任問題の理論的変遷と未来展望	西岡健夫
十	経営の国際化問題について	赤羽新太郎
十一	日本的経営論の変遷と未来展望	林正樹
十二	管理者活動研究の理論的変遷と未来展望	川端久夫

Ⅲ　経営学の諸相

十三	M・P・フォレット管理思想の基礎	杉田博
	——ドイツ観念論哲学における相互承認論との関連を中心に——	
十四	科学的管理思想の現代的意義	藤沼司
	——知識社会におけるバーナード理論の可能性を求めて——	
十五	経営倫理学の拡充に向けて	岩田浩
	——デューイとバーナードが示唆する重要な視点——	
十六	H・A・サイモンの組織論と利他主義モデルを巡って	髙巌
	——企業倫理と社会選択メカニズムに関する提言——	

十七　組織現象における複雑性　　　　　　　　　　　　阿　辻　茂　夫
　十八　企業支配論の一考察　　　　　　　　　　　　　　坂　本　雅　則
　　　　　――既存理論の統一的把握への試み――
Ⅳ　文　献

組織管理研究の百年　第八輯
● 主要目次
Ⅰ　経営学百年――組織・管理研究の方法と課題――
　一　経営学研究における方法論的反省の必要性　　　　佐々木　恒　男
　二　比較経営研究の方法と課題　　　　　　　　　　　愼　　　侑　根
　　　　――東アジア的企業経営システムの構想を中心として――
　三　経営学の類別と展望――経験と科学をキーワードとして――　原　澤　芳太郎
　四　管理論・組織論における合理性と人間性　　　　　池　内　秀　己
　五　アメリカ経営学における「プラグマティズム」と
　　　「論理実証主義」　　　　　　　　　　　　　　　三　井　　　泉
　六　組織変革とポストモダン　　　　　　　　　　　　今　田　高　俊
　七　複雑適応系――第三世代システム論――　　　　　河　合　忠　彦
　八　システムと複雑性　　　　　　　　　　　　　　　西　山　賢　一
Ⅱ　経営学の諸問題
　九　組織の専門化に関する組織論的考察　　　　　　　吉　成　　　亮
　　　　――プロフェッショナルとクライアント――
　十　オーソリティ論における職能説　　　　　　　　　高　見　精一郎
　　　　――高宮晋とM・P・フォレット――
　十一　組織文化論再考――解釈主義的文化論へ向けて――　四　本　雅　人
　十二　アメリカ企業社会とスピリチュアリティー　　　村　山　元　理
　十三　自由競争を前提にした市場経済原理にもとづく
　　　　経営学の功罪――経営資源所有の視点から――　海老澤　栄　一
　十四　組織研究のあり方　　　　　　　　　　　　　　大　月　博　司
　　　　――機能主義的分析と解釈主義的分析――
　十五　ドイツの戦略的管理論研究の特徴と意義　　　　加　治　敏　雄
　十六　企業に対する社会的要請の変化　　　　　　　　小　山　嚴　也
　　　　――社会的責任論の変遷を手がかりにして――
　十七　E・デュルケイムと現代経営学　　　　　　　　齋　藤　貞　之
Ⅲ　文　献

IT革命と経営理論 第九輯
● 主要目次
I テイラーからITへ──経営理論の発展か、転換か──
　一 序説　テイラーからIT へ──経営理論の発展か転換か── 稲　葉　元　吉
　二 科学的管理の内包と外延──IT 革命の位置── 三　戸　　　公
　三 テイラーとIT──断絶か連続か── 篠　崎　恒　夫
　四 情報化と協働構造 國　領　二　郎
　五 経営情報システムの過去・現在・未来 島　田　達　巳
　　　　──情報技術革命がもたらすもの──
　六 情報技術革命と経営および経営学 庭　本　佳　和
　　　　──島田達巳「経営情報システムの過去・現在・未来」をめぐって──
II 論　攷
　七 クラウゼウィッツのマネジメント論における理論と実践 鎌　田　伸　一
　八 シュナイダー企業者職能論 関　野　　　賢
　九 バーナードにおける組織の定義について 坂　本　光　男
　　　　──飯野－加藤論争に関わらせて──
　十 バーナード理論と企業経営の発展 高　橋　公　夫
　　　　──原理論・類型論・段階論──
　十一 組織論における目的概念の変遷と展望 西　本　直　人
　　　　──ウェーバーからCMSまで──
　十二 ポストモダニズムと組織論 高　橋　正　泰
　十三 経営組織における正義 宮　本　俊　昭
　十四 企業統治における法的責任の研究 境　　　新　一
　　　　──経営と法律の複眼的視点から──
　十五 企業統治論における正当性問題 渡　辺　英　二
III 文　献

現代経営と経営学史の挑戦
　──グローバル化・地球環境・組織と個人── 第十輯
● 主要目次
I 現代経営の課題と経営学史研究
　一 現代経営の課題と経営学史研究の役割─展望 小　笠　原　英　司
　二 マネジメントのグローバルな移転 岡　田　和　秀
　　　　──マネジメント・学説・背景──

三　グローバリゼーションと文化　　　　　　　　　　　　　　　髙　橋　由　明
　　　　——経営管理方式国際移転の社会的意味——
　　四　現代経営と地球環境問題——経営学史の視点から——　　庭　本　佳　和
　　五　組織と個人の統合　　　　　　　　　　　　　　　　　　太　田　　　肇
　　　　——ポスト新人間関係学派のモデルを求めて——
　　六　日本的経営の一検討——その毀誉褒貶をたどる——　　　赤　岡　　　功
Ⅱ　創立十周年記念講演
　　七　経営学史の課題　　　　　　　　　　　　　　　　　　　阿　部　謹　也
　　八　経営学教育における企業倫理の領域　　　　　　　　Ｅ・Ｍ・エプスタイン
　　　　——過去・現在・未来——
Ⅲ　論　攷
　　九　バーナード組織概念の一詮議　　　　　　　　　　　　　川　端　久　夫
　　十　道徳と能力のシステム——バーナードの人間観再考——　磯　村　和　人
　　十一　バーナードにおける過程性と物語性　　　　　　　　　小　濱　　　純
　　　　　——人間観からの考察——
　　十二　経営学における利害関係者研究の生成と発展　　　　　水　村　典　弘
　　　　　——フリーマン学説の検討を中心として——
　　十三　現代経営の底流と課題——組織知の創造を超えて——　藤　沼　　　司
　　十四　個人行為と組織文化の相互影響関係に関する一考察　　間　嶋　　　崇
　　　　　——Ａ・ギデンズの構造化論をベースとした組織論の考察をヒントに——
　　十五　組織論における制度理論の展開　　　　　　　　　　　岩　橋　建　治
　　十六　リーダーシップと組織変革　　　　　　　　　　　　　吉　村　泰　志
　　十七　ブライヒャー統合的企業管理論の基本思考　　　　　　山　縣　正　幸
　　十八　エーレンベルク私経済学の再検討　　　　　　　　　　梶　脇　裕　二
Ⅳ　文　献

経営学を創り上げた思想　第十一輯

●主要目次
Ⅰ　経営理論における思想的基盤
　　一　経営学における実践原理・価値規準について　　　　　　仲　田　正　機
　　　　——アメリカ経営管理論を中心として——
　　二　プラグマティズムと経営理論　　　　　　　　　　　　　岩　田　　　浩
　　　　——チャールズ・Ｓ・パースの思想からの洞察——
　　三　プロテスタンティズムと経営思想　　　　　　　　　　　三　井　　　泉
　　　　——クウェーカー派を中心として——

	四	シュマーレンバッハの思想的・実践的基盤	平田光弘
	五	ドイツ経営経済学・経営社会学と社会的カトリシズム	増田正勝
	六	上野陽一の能率道	齊藤毅憲
	七	日本的経営の思想的基盤——経営史的な考究——	由井常彦

Ⅱ 特別講演

	八	私の経営理念	辻理

Ⅲ 論攷

	九	ミッションに基づく経営——非営利組織の事業戦略基盤——	島田恒
	十	価値重視の経営哲学 ——スピリチュアリティの探求を学史的に照射して——	村山元理
	十一	企業統治における内部告発の意義と問題点 ——経営と法律の視点から——	境新一
	十二	プロセスとしてのコーポレート・ガバナンス ——ガバナンス研究に求められるもの——	生田泰亮
	十三	「経営者の社会的責任」論とシュタインマンの企業倫理論	高見直樹
	十四	ヴェブレンとドラッカー——企業・マネジメント・社会——	春日賢
	十五	調整の概念の学史的研究と現代的課題	松田昌人
	十六	HRO研究の革新性と可能性	西本直人
	十七	「ハリウッド・モデル」とギルド	國島弘行

Ⅳ 文献

ガバナンスと政策——経営学の理論と実践—— 第十二輯

● 主要目次

Ⅰ ガバナンスと政策

	一	ガバナンスと政策	片岡信之
	二	アメリカにおける企業支配論と企業統治論	佐久間信夫
	三	フランス企業統治 ——経営参加、取締役会改革と企業法改革——	築場保行
	四	韓国のコーポレート・ガバナンス改革とその課題	勝部伸夫
	五	私の経営観	岩宮陽子
	六	非営利組織における運営の公正さをどう保つのか ——日本コーポレート・ガバナンス・フォーラム十年の経験から——	荻野博司
	七	行政組織におけるガバナンスと政策	石阪丈一

Ⅱ 論攷

	八	コーポレート・ガバナンス政策としての時価主義会計	菊澤研宗

──M・ジェンセンのエージェンシー理論とF・シュミットのインフレ会計学説の応用──
　九　組織コントロールの変容とそのロジック　　　　　　大　月　博　司
　十　組織間関係の進化に関する研究の展開　　　　　　　小　橋　　　勉
　　　──レベルとアプローチの視点から──
　十一　アクター・ネットワーク理論の組織論的可能性　　髙　木　俊　雄
　　　──異種混交ネットワークのダイナミズム──
　十二　ドイツにおける企業統治と銀行の役割　　　　　　松　田　　　健
　十三　ドイツ企業におけるコントローリングの展開　　　小　澤　優　子
　十四　M・P・フォレット管理思想の基礎　　　　　　　杉　田　　　博
　　　──W・ジェームズとの関連を中心に──
Ⅲ　文　献

企業モデルの多様化と経営理論　第十三輯
　　──二十一世紀を展望して──
●主要目次
Ⅰ　企業モデルの多様化と経営理論
　一　経営学史研究の新展開　　　　　　　　　　　　　　佐々木　恒　男
　二　アメリカ経営学の展開と組織モデル　　　　　　　　岸　田　民　樹
　三　二十一世紀の企業モデルと経営理論──米国を中心に──　角　野　信　夫
　四　EU企業モデルと経営理論　　　　　　　　　　　　万　仲　脩　一
　五　EUにおける労働市場改革と労使関係　　　　　　　久　保　広　正
　六　アジア─中国企業モデルと経営理論　　　　　　　　金　山　　　権
　七　シャリーア・コンプライアンスと経営　　　　　　　櫻　井　秀　子
　　　──イスラームにおける経営の原則──
Ⅱ　論　攷
　八　経営学と社会ダーウィニズム　　　　　　　　　　　福　永　文美夫
　　　──テイラーとバーナードの思想的背景──
　九　個人と組織の不調和の克服を目指して　　　　　　　平　澤　　　哲
　　　──アージリス前期学説の体系とその意義──
　十　経営戦略論の新展開における「レント」概念
　　　の意義について　　　　　　　　　　　　　　　　　石　川　伊　吹
　十一　経営における意思決定と議論合理性　　　　　　　宮　田　将　吾
　　　──合理性測定のコンセプト──

十二	ステークホルダー型企業モデルの構造と機能	水村 典弘
	——ステークホルダー論者の論法とその思想傾向——	
十三	支援組織のマネジメント——信頼構築に向けて——	狩俣 正雄

Ⅲ 文　献

経営学の現在——ガバナンス論、組織論・戦略論——　第十四輯

● 主要目次

Ⅰ　経営学の現在

一	「経営学の現在」を問う	勝部 伸夫
	——コーポレート・ガバナンス論と管理論・組織論——	
二	株式会社を問う——「団体」の概念——	中條 秀治
三	日本の経営システムとコーポレート・ガバナンス	菊池 敏夫
	——その課題、方向、および条件の検討——	
四	ストックホルダー・ガバナンス 対 ステイクホルダー・ガバナンス	菊澤 研宗
	——状況依存的ステイクホルダー・ガバナンスへの収束——	
五	経営学の現在——自己組織・情報世界を問う——	三戸 公
六	経営学史の研究方法	吉原 正彦
	——「人間協働の科学」の形成を中心として——	
七	アメリカの経営戦略と日本企業の実証研究	沼上 幹
	——リソース・ベースト・ビューを巡る相互作用——	
八	経営戦略研究の新たな視座	庭本 佳和
	——沼上報告「アメリカの経営戦略論（RBV）と日本企業の実証的研究」をめぐって——	

Ⅱ　論　攷

九	スイッチングによる二重性の克服	渡辺 伊津子
	——品質モデルをてがかりにして——	
十	組織認識論と資源依存モデルの関係	佐々木 秀徳
	——環境概念、組織観を手掛かりとして——	
十一	組織学習論における統合の可能性	伊藤 なつこ
	——マーチ＆オルセンの組織学習サイクルを中心に——	
十二	戦略論研究の展開と課題	宇田川 元一
	——現代戦略論研究への学説史的考察から——	
十三	コーポレート・レピュテーションによる持続的競争優位	加賀田 和弘
	——資源ベースの経営戦略の観点から——	
十四	人間操縦と管理論	山下 剛

十五	リーダーシップ研究の視点	薄羽　哲哉
	――リーダー主体からフォロワー主体へ――	
十六	チャールズ・バベッジの経営思想	村田　和博
十七	非営利事業体ガバナンスの意義と課題について	松本　典子
	――ワーカーズ・コレクティブ調査を踏まえて――	
十八	EUと日本におけるコーポレート・ガバナンス・コデックスの比較	ラルフ・ビーブンロット

Ⅲ　文　献

現代経営学の新潮流――方法、CSR・HRM・NPO――　第十五輯

● 主要目次

Ⅰ　経営学の方法と現代経営学の諸問題

一	経営学の方法と現代経営学の諸問題	小笠原　英司
二	組織研究の方法と基本仮定――経営学との関連で――	坂下　昭宣
三	経営研究の多様性とレレヴァンス問題	長岡　克行
	――英語圏における議論の検討――	
四	経営学と経営者の育成	辻村　宏和
五	わが国におけるCSRの動向と政策課題	谷本　寛治
六	ワーク・ライフ・バランスとHRM研究の新パラダイム	渡辺　峻
	――「社会化した自己実現人」と「社会化した人材マネジメント」――	
七	ドラッカー学説の軌跡とNPO経営学の可能性	島田　恒

Ⅱ　論　攷

八	バーナード組織概念の再詮議	川端　久夫
九	高田保馬の勢力論と組織	林　徹
十	組織論と批判的実在論	鎌田　伸一
十一	組織間関係論における埋め込みアプローチの検討	小橋　勉
	――その射程と課題――	
十二	実践重視の経営戦略論	吉成　亮
十三	プロジェクトチームのリーダーシップ	平井　信義
	――橋渡し機能を中心として――	
十四	医療における公益性とメディカル・ガバナンス	小島　愛
十五	コーポレート・ガバナンス論におけるExit・Voice・Loyaltyモデルの可能性	石嶋　芳臣
十六	企業戦略としてのCSR	矢口　義教
	――イギリス石油産業の事例から――	

Ⅲ 文 献

経営理論と実践 第十六輯
●主要目次
Ⅰ 趣旨説明──経営理論と実践　　　　　　　　　　　　　第五期運営委員会
Ⅱ 経営理論と実践
　一 ドイツ経営学とアメリカ経営学における理論と実践　　　高 橋 由 明
　二 経営理論の実践性とプラグマティズム　　　　　　　　　岩 田 　 浩
　　　──ジョン・デューイの思想を通して──
　三 ドイツの経営理論で，世界で共通に使えるもの　　　　　小 山 明 宏
　四 現代CSRの基本的性格と批判経営学研究の課題・方法　　百 田 義 治
　五 経営"共育"への道　　　　　　　　　　　　　　　　　齊 藤 毅 憲
　　　──ゼミナール活動の軌跡から──
　六 経営学の研究者になるということ　　　　　　　　　　　上 林 憲 雄
　　　──経営学研究者養成の現状と課題──
　七 日本におけるビジネススクールの展開と二十一世紀への展望　高 橋 文 郎
　　　　　　　　　　　　　　　　　　　　　　　　　　　　中 西 正 雄
　　　　　　　　　　　　　　　　　　　　　　　　　　　　高 橋 宏 幸
　　　　　　　　　　　　　　　　　　　　　　　　　　　　丹 沢 安 治
Ⅲ 論 攷
　八 チーム医療の必要性に関する試論　　　　　　　　　　　渡 邉 弥 生
　　　──「実践コミュニティ論」の視点をもとにして──
　九 OD（組織開発）の歴史的整理と展望　　　　　　　　　 西 川 耕 平
　十 片岡説と構造的支配－権力パラダイムとの接点　　　　　坂 本 雅 則
Ⅳ 文 献

経営学の展開と組織概念 第十七輯
●主要目次
Ⅰ 趣旨説明──経営理論と組織概念　　　　　　　　　　　第六期運営委員会
Ⅱ 経営理論と組織概念
　一 経営理論における組織概念の生成と展開　　　　　　　　庭 本 佳 和
　二 ドイツ経営組織論の潮流と二つの組織概念　　　　　　　丹 沢 安 治
　三 ヴェーバー官僚制論再考　　　　　　　　　　　　　　　小 阪 隆 秀
　　　──ポスト官僚制組織概念と組織人の自由──

四　組織の概念——アメリカにおける学史的変遷——　　　　　　　　中　條　秀　治
　五　実証的戦略研究の組織観　　　　　　　　　　　　　　　　　　沼　上　　　幹
　　　　——日本企業の実証研究を中心として——
　六　ステークホルダー論の組織観　　　　　　　　　　　　　　　　藤　井　一　弘
　七　組織学習論の組織観の変遷と展望　　　　　　　　　　　　　　安　藤　史　江
Ⅲ　論　攷
　八　「組織と組織成員の関係」概念の変遷と課題　　　　　　　　　聞　間　　　理
　九　制度的企業家のディスコース　　　　　　　　　　　　　　　　松　嶋　　　登
　十　キャリア開発における動機づけの有効性　　　　　　　　　　　チン・トウイ・フン
　　　　——デシの内発的動機づけ理論の検討を中心に——
　十一　一九九〇年代以降のドイツ経営経済学の新たな展開　　　　　清　水　一　之
　　　　——ピコーの所説に依拠して——
　十二　ドイツ経営管理論におけるシステム・アプローチの展開　　　柴　田　　　明
　　　　——ザンクト・ガレン学派とミュンヘン学派の議論から——
　十三　フランス中小企業研究の潮流　　　　　　　　　　　　　　　山　口　隆　之
　　　　——管理学的中小企業研究の発展——
Ⅳ　文　献

危機の時代の経営と経営学　第十八輯

●主要目次
Ⅰ　趣旨説明——危機の時代の経営および経営学　　　　　　　　　　第六期運営委員会
Ⅱ　危機の時代の経営と経営学
　一　危機の時代の経営と経営学　　　　　　　　　　　　　　　　　高　橋　由　明
　　　　——経済・産業政策と経営学史から学ぶ
　二　両大戦間の危機とドイツ経営学　　　　　　　　　　　　　　　海道ノブチカ
　三　世界恐慌とアメリカ経営学　　　　　　　　　　　　　　　　　丸　山　祐　一
　四　社会的市場経済体制とドイツ経営経済学の展開　　　　　　　　風　間　信　隆
　　　　——市場性・経済性志向と社会性・人間性志向との間の揺らぎ——
　五　戦後日本企業の競争力と日本の経営学　　　　　　　　　　　　林　　　正　樹
　六　グローバル時代における経営学批判原理の複合　　　　　　　　高　橋　公　夫
　　　　——「断絶の時代」を超えて——
　七　危機の時代と経営学の再展開——現代経営学の課題——　　　　片　岡　信　之
Ⅲ　論　攷
　八　行動理論的経営学から神経科学的経営学へ　　　　　　　　　　梶　脇　裕　二
　　　　——シャンツ理論の新たな展開——

九　経営税務論と企業者職能——投資決定に関する考察——　　関　野　　　賢
　十　ドイツ経営経済学の発展と企業倫理の展開　　　　　　　山　口　尚　美
　　　——シュタインマン学派の企業倫理学を中心として——
Ⅳ　文　献